智库 中社 国家智库报告 2016（65）
National Think Tank
社会·政法

从法律六进到法律八进

李忠 著

PROMOTION OF CIVIL LEGAL KNOWLEDGE: AN EIGHT
FOLDS REVIEW

中国社会科学出版社

图书在版编目(CIP)数据

从法律六进到法律八进／李忠著．—北京：中国社会科学出版社，
2016. 12（2017.10重印）
（国家智库报告）
ISBN 978 – 7 – 5161 – 9810 – 0

Ⅰ.①从…　Ⅱ.①李…　Ⅲ.①法制教育—宣传工作—研究—中国
Ⅳ. D920. 5

中国版本图书馆 CIP 数据核字（2017）第 021500 号

出 版 人	赵剑英
责任编辑	王　茵
特约编辑	李溪鹏
责任校对	刘　娟
责任印制	李寡寡

出　　　版	中国社会科学出版社
社　　　址	北京鼓楼西大街甲 158 号
邮　　　编	100720
网　　　址	http：//www. csspw. cn
发 行 部	010 – 84083685
门 市 部	010 – 84029450
经　　　销	新华书店及其他书店

印刷装订	北京君升印刷有限公司
版　　　次	2016 年 12 月第 1 版
印　　　次	2017 年 10 月第 2 次印刷

开　　　本	787×1092　1/16
印　　　张	8
字　　　数	80 千字
定　　　价	38. 00 元

　　本报告写作得到司法部法制宣传司原副巡视员姚振怀、宁夏回族自治区银川市司法局副局长李卒、江苏省江阴市政法委副书记陶金虎、吉林省司法厅原法制宣传处处长沙崇凡的悉心指导，中国民主法制出版社法律应用分社社长陈百顺慷慨提供了珍藏多年的法律六进资料，中国社会科学院法学研究所博士后赵心、博士诸悦给予了大力协助，在此谨致谢忱。

摘要：法律六进是五五普法规划的重大创举，是普法工作的机制创新和方法创新，是促进经济平稳健康发展的有效途径，是维护社会和谐稳定的重要载体，是弘扬社会主义法治精神、全面推进依法治国的生动实践。开展法律六进活动，对于扩大普法工作覆盖面、增强普法工作针对性实效性，具有重要意义。

本报告扼要介绍了法律六进的由来、内涵和作用，重点介绍了法律进宗教场所、法律进家庭，深入分析了法律六进存在的问题，并提出了改进建议。本报告认为，加强法律六进工作，关键是要提高思想认识，理顺工作体制，健全工作机制，同时要创新方式方法，不断推动普法工作转型升级。

Abstract: Promotion of civil legal knowledge with sixfold is a major innovation of the Fifth Five - year Plan for Promotion of Civil Legal Knowledge. It is an effective path to accelerate steady economic development and maintain social sustainability, stability, and harmony; it is also a dynamic practice to carry forward the spirit of socialist rule of law and comprehensively promote the rule of law. It is significant to launch campaign of promotion of legal knowledge with sixfold to extend the coverage and enhance the validity and effectiveness of the law dissemination.

This report previews the history, content, and function of promotion of civil legal knowledge with sixfold. It focuses on the law dissemination into the temple and family, analyzes the existing issues, and puts forward the suggestions towards improving promotion of civil legal knowledge with sixfold. The author suggests that raising ideological standard, straightening out working system and perfecting working mechanism are three key factors towards strengthening the law dissemination. It is also important to bring forth new methods to increase the validity and effectiveness of the law dissemination.

目　　录

一 法律六进的一般原理

（一）法律六进的缘起

党的十八届四中全会作出全面推进依法治国的战略决策后，全国各地开展了轰轰烈烈的法治建设。众所周知，法治是舶来品，观念、原理和制度大多来自西方。或许出人意料的是，我国法治建设也有一项中外法制史上前无古人、举世无双的重大创举，这就是普法。

全国范围普法肇始于 20 世纪 80 年代中期。1985 年 11 月 5 日，中共中央、国务院批转了《中央宣传部、司法部关于向全体公民基本普及法律常识的五年规划》，明确普及法律常识的对象、内容、方法、步骤和要求，拉开了我国普法的大幕。新中国社会主义法制的主要奠基人彭真同志，形象地称之为把法律交给亿万人民。从此，中共中央、国务院每五年制定一个普法规划，对下一阶段普法工作作出部署安排，同时全国人大常委会作出普法决议，推动普法工作不断向纵深发展，成为一个不成文的惯例，也成为普法工作的鲜明特色。

法律六进是中国独创的普法术语,是在 2006 年 3 月 17 日中共中央、国务院转发的《中央宣传部、司法部关于在公民中开展法制宣传教育的第五个五年规划》(以下简称"五五普法规划")中首次提出的。五五普法规划规定,组织开展法制宣传教育主题活动,大力推进法制宣传教育进机关、进乡村、进社区、进学校、进企业、进单位,在各行各业掀起学法用法的热潮。同年 7 月 26 日,为贯彻五五普法规划和十届全国人大常委会《关于加强法制宣传教育的决议》,中央宣传部、司法部、全国普法办联合发布《关于开展"法律六进"活动的通知》,决定从 2006 年 8 月起,在各地区各部门广泛开展为期 5 年的法律六进活动,教育广大干部群众自觉学法律、讲权利、讲义务、讲责任,在全社会形成学法用法的良好氛围。次日,全国法律六进活动启动仪式在北京举行,北京市机关干部、行政执法人员、农民、社区居民、学生、建筑工人、法制宣传志愿者代表共 500 人参加,打响了法律六进的发令枪,标志着普法工作进入了新阶段。

法律六进从酝酿到提出经历了一个过程。

中共中央、国务院制定普法规划有一个显著特点,即每个普法规划都在前一个普法规划基础上确定一个工作重点，以巩固和提高前一阶段普法工作成效。比如，一五普法突出十法一条例①的法制启蒙教育，二五普法强调以宪法为核心、以专业法律为重点，三五普法重点宣传市场经济法律知识，四五普法创造性地提出"两个转变、两个提高"的总体目标，即"努力实现提高全民法律意识向提高全民法律素质的转变，全面提高全体公民特别是各级领导干部的法律素质；实现由注重依靠行政手段管理向注重运用法律手段管理的转变，不断提高全社会法治化管理水平"。前三个普法规划以提高公民的法律意识为目标，四五普法规划提出的"两个转变、两个提高"则是一次重大跨越。以"法律素质"取代"法律意识"虽然只是一词之差，但法律素质的内涵非常丰富，既包括法律知识的积累、法律素养的提高，又包括运用法律能力的提升、维护法律意识的增强等。

五五普法规划提出开展法律六进活动，是在前4个

————————

①　所谓十法一条例，是指宪法、刑法、刑事诉讼法、民法通则、民事诉讼法（试行）、婚姻法、继承法、经济合同法、民族区域自治法、兵役法和治安管理处罚条例。

普法规划基础上的又一重大跨越。据一位参与五五普法规划起草的专家介绍，起草五五普法规划时，起草人的一个重要使命是确定新的普法重点，提出一个叫得响、立得住的新项目，更好地把法律送进千家万户。考虑到此前普法工作存在的观念陈旧、体制僵化、覆盖不够全面、手段不够丰富等问题，起草人提出在全社会开展法律进乡村、进社区、进学校、进企业的法律四进活动。规划稿提交国务院常务会议审议时，国务院主要领导同志认为，法律四进的提法不够全面，国家工作人员肩负制定和执行法律政策的重要职责，其法律素质的高低，直接关系到依法治国的成败，建议增加法律进机关。讨论过程中，又有领导同志提出加上法律进单位，以对集贸市场、医疗服务、建筑工地等单位和公园、车站、机场、港口等公共活动场所进行法制宣传教育，从而形成法律六进。次日，中央政治局常委会审议通过了规划稿，接受了法律六进的提法。法律六进由此成为五五普法的工作重点和突出亮点。

法律六进的提出，可以从以下几方面来理解：

一是构建社会主义和谐社会的现实需要。构建社会主义和谐社会，是中国特色社会主义事业的有机组成部分，是全面建成小康社会的重大战略举措。改革开放以来，我国经济快速发展，社会总体稳定，同时以民生问题为主的人民内部矛盾比较突出。贫富差距、城乡差距、地区差距、分配不公、社会保障、劳动就业等问题引发的矛盾不断增多，因征地拆迁、企业重组改制破产、拖欠和克扣农民工工资等引发的上访和群体性事件时有发生，对社会和谐稳定造成很大冲击。开展法律六进活动，就是要把法律送到农村、社区、企业中去，教育广大群众正确运用法律手段，依照法定程序化解矛盾纠纷。这既是维护群众利益的根本途径，也是实现社会和谐的重要基础。

二是推进我国法治建设的内在要求。 为适应我国社会主义市场经济发展和加入世界贸易组织的新形势，党的十六大提出，加强立法工作，推进依法行政，维护司法公正，提高执法水平，确保法律的严格实施。2004 年3 月22 日，国务院发布《全面推进依法行政实施纲要》，提出法治政府建设的总体构想。推进依法治国和依法行政，必须普法先行。学法用法工作做好了，依法治国和依法行政才有可靠基础。开展法律六进活动，就是要把法律送到机关、单位中去，增强公职人员的法治观念和依法办事能力，提高各级领导干部依法执政、依法决策、依法办事水平。

三是满足人民群众日益增长的法律需求。随着我国经济社会快速发展，民主法制建设步伐加快，人民群众掌握法律知识、运用法律手段来维护和实现自己合法权益的意愿日渐强烈。但是，由于历史、经济、社会等多方面原因，我国基层尤其是广大农村、边远地区的部分群众，掌握法律知识不多，法律素质不高，依法办事能力不强。开展法律六进活动，就是要向基层群众特别是农村和边远地区群众送去法律知识，提高他们的法律意识和依法办事能力。这既是贯彻执行我国法律制度的基本要求，也适应了广大群众对法律知识的迫切需要。

四是我国多年来普法工作的经验结晶。法律六进并非生造名词，也不是突发奇想，而是长期普法实践结出的硕果，可谓集普法工作二十年成功经验之大成。从二五普法开始，历次五年普法都把领导干部、公务员、青少年、农民、企业经营管理人员作为重点普法对象，明确普法内容并提出工作要求。就国家工作人员来说，2000 年 10 月 25 日，中央宣传部、人事部、司法部联合下发《关于在全国公务员中开展学法用法活动和进行依法行政培训的意见》，次年 2 月在北京召开全国公务员学法用法依法行政电视电话会议，对公务员学法用法工作作出部署安排。就广大农村群众来说，1988 年 5 月，中央宣传部、司法部在四川成都召开全国农村普法工作会议，交流农村普法经验，部署农村普法工作。就青少年学生来说，2002 年 10 月 25 日，教育部、司法部、中央综治办、共青团中央印发《关于加强青少年学生法制教育工作的若干意见》，在北京召开全国青少年学生法制教育电视电话会议，研究部署法律进学校工作。就企业经营管理人员来说，1988 年 1 月，中央宣传部、国家经贸委、司法部在北京召开全国企业法制宣传教育工作会议，对企业开展法制宣传工作提出具体要求；2000 年 9 月，中央宣传部、司法部、国家经贸委下发《关于推动企业经营管理者学法用法的若干意见》，提出法律进企业的工作措施。普法工作经验表明，大水漫灌、十个指头按跳蚤的传统普法方式成效不明显，法制宣传教育必须分领域、分行业深入推进，才能取得更大更实的成效。法律六进吸收借鉴二十年来普法工作的成功经验和有益做法，是水到渠成的神来之笔，是普法工作的深化发展。

（二）法律六进的内涵

法律六进是法制宣传教育进机关、进乡村、进社区、进学校、进企业、进单位的简称，是普法工作的重大机制创新和方法创新，主要目的是通过开展法律六进主题宣传教育活动、宪法法律学习宣传和法治理念培育，引导广大机关、乡村、社区、学校、企业和单位依法管理、依法办事，进一步增强公民宪法法律意识，提高全社会法治化管理水平，努力维护改革发展稳定大局，为实施依法治国基本方略、构建社会主义和谐社会、全面建成小康社会营造良好法治环境。

根据 2006 年中央宣传部、司法部、全国普法办《关于开展"法律六进"活动的通知》，法律六进的具体含义是：

1. 开展法律进机关活动，不断提高依法管理和服务社会的水平。各级机关要加强社会主义法治理念教育，使广大公务员牢固树立依法治国、执法为民、公平正义、服务大局、党的领导的理念，带头学习法律、自觉遵守法律、忠实执行法律、维护法律权威的观念。要加强机关公职人员学法制度建设，把法律知识纳入日常学习计划，定期开展法律知识培训、轮训和考核工作，逐步实现机关公职人员法律知识考试考核工作规范化。要依托党校、行政学院、机关学习园地等阵地，进一步加强机关公职人员学法阵地建设，为公务员学法提供便利条件。要加大对各级机关执法水平的考核力度，把执法水平和执法效果作为法律进机关工作的重要考核内容，进一步健全执法责任制、执法公示制和过错责任追究制，促进各级机关严格执法，热情服务。

2. **开展法律进乡村活动，努力促进社会主义新农村建设**。要加强农村法制教育阵地建设，每个乡镇要设立一个法制辅导站，每个行政村要建立一个法律图书角，每个居民小组要建立一个法制宣传栏。各地区各部门要加大向农村地区赠送普法资料的力度，在农村地区普遍建立起农民法律图书角。要加强农村两委干部的法律知识培训工作，培养农村基层兼职法制干部。要积极组织专业文艺团体、法制宣传志愿者队伍，深入农村田间地头，演出农民群众喜闻乐见的法制文艺节目，使广大农民群众在潜移默化中掌握法律知识。要深入开展法律服务进村入户活动，进一步发挥基层法律工作者和法律服务工作者的作用，每年定期开展针对农民群众的义务法律咨询活动。要加大农村法制宣传阵地建设，县级以上电视台、农村广播网、农民夜校要开辟学法专栏，结合实际向农民群众普及法律知识，提高农民的法律素质。

3. **开展法律进社区活动，促进和谐社区建设。** 要认真总结法律进社区的经验，积极探索社区法制宣传教育新途径，逐步实现"六个一"：即每个社区建立一个法制宣传橱窗，建立一个法律图书角，建设一支专兼职人员相结合的法制宣传教育队伍，建立一套居民学法制度，每季度开展一次义务法制宣传活动，每个地（市）建立一个普法广场或法制公园。要加强城市法制宣传志愿者队伍建设，鼓励并支持志愿者经常深入街道、深入社区，结合各个时期的热点、难点问题和发生在居民身边的典型案例，有针对性地为居民开展公益性法制讲座、居民法治论坛活动，为居民提供方便快捷的法律服务。

4. **开展法律进学校活动，进一步推进青少年学生法律素质教育**。要坚持法制教育与道德教育相结合，教育广大青少年学生学法律、知荣辱、明是非，使广大青少年从小懂得应该遵循的基本行为准则，养成学法守法的行为习惯。要坚持发挥学校第一课堂的作用，继续推进学校法制教育计划、教材、课时、师资的"四落实"；加强家庭、学校、社会"三位一体"的青少年法制教育网络建设，依托家庭、社区、村落开展青少年法制教育，营造有利于青少年健康成长的社会环境。要依托法院、检察院、监狱等机构，积极开辟第二课堂，开展生动活泼的青少年学法用法实践活动。要加强对学校法制教育师资的培训，进一步规范法制副校长、法制辅导员的工作。

5. **开展法律进企业活动，大力促进企业依法经营、诚信经营**。各类企业要制订年度法制宣传教育工作计划，建立健全企业经营管理人员的法律学习制度，不断提高企业经营管理人员依法经营、依法管理的能力，正确处理企业发展与维护职工权益的关系。国有企业中层以上管理人员和民营企业主每年应定期或不定期参加法律知识学习；加强维护职工合法权益的法制宣传教育，通过宣传日、宣传周、宣传月等形式，大力宣传社会保障、安全生产等与职工切身利益相关的法律法规知识，不断提高企业职工的法律素质和依法维权能力；加强企业职工学法阵地建设；开通职工维权热线，积极为企业职工提供法律咨询和法律救助，维护职工合法权益；积极推进公司律师试点工作，进一步加强企业法律顾问队伍建设，为提高企业法治化管理水平、增强企业市场竞争力提供保证。

6. **开展法律进单位活动，逐步提高法治化管理水平。**各单位要积极开展法制宣传教育工作，做到"五有"，即有组织、有计划、有教材、有阵地、有考核。要建立健全领导干部学法制度，把单位领导干部学法用法与业绩考核相结合，进一步提高各单位领导干部的依法决策、依法管理能力。要积极引导单位职工开展学法用法活动，定期组织职工参加法律知识培训、轮训，增强广大职工依法维权、依法履行义务、依法承担责任的意识。要加强单位内部管理，建立健全规章制度，实现依法建制、依法管理。各单位应通过公示牌、宣传册、触摸屏、开放日等形式，积极向社会宣传与本单位业务相关的专业法律法规知识。公园、车站、机场、港口等公共活动场所管理单位，应在人员流动密集的地点设立固定法制宣传栏。

（三）法律六进的重要意义

法律的权威源自人民的内心拥护和真诚信仰。1985年一五普法启动以来，普法就成为依法治国的基础性工作。它通过各种行之有效的形式，提高了党员干部的法治思维和依法办事能力，提高了公职人员的法律素养和法治观念，提高了全体公民的法律意识和法律素质，为建设社会主义法治国家，实现科学立法、严格执法、公正司法、全民守法奠定了坚实的思想基础。

2006年法律六进的提出，抓住了基层这个法治建设的关键，实行分领域、分行业普法，给普法工作带来一系列积极变化，对国家法治建设产生了广泛而深刻的影响。

一是覆盖更加广泛。各地区各部门结合各自实际，建立法律六进＋N进的普法模式，构建了横向到边、纵向到底的普法工作网络，把法律送入每一个寻常百姓家，实现了普法工作全覆盖。

二是内容更加聚焦。各地区各部门开展法律六进活动，以领导干部、青少年为重点对象，以宪法法律、群众生产生活中急需实用的法律法规为重点内容，极大增强了普法工作的针对性。

三是方式更加灵活。各地区各部门坚持贴近基层、贴近群众、贴近生活，以群众喜闻乐见、易于接受的方式开展普法工作，把法律送到人们的心坎上，极大增强了普法工作的实效性。

四是机制更加健全。各地区各部门推行谁执法谁普法的普法责任制，各部门、各行业各尽其职、各负其责，普法由最初司法行政部门的独角戏逐步演变为有关方面的大合唱。

五是成效更加显著。各地区各部门坚持求真务实、注重实效，健全制度机制，强化目标考核，既注重法律知识普及，更注重法律素质养成，全社会法律意识不断提高。

实践表明，法律六进是普法工作一项成功的创新实践，对于巩固和扩大普法规划成果，保证普法规划目标任务全面实现，促进经济社会科学发展，维护社会和谐稳定，加强和创新社会治理，服务基层服务群众，弘扬社会主义法治精神，推进依法治国基本方略实施，具有重要而深远的意义。如今，法律六进已成为普法工作不可或缺的有效载体和重要抓手。

二　法律六进的做法、成效和经验

（一）主要做法

从五五普法至今，法律六进已走过整整十年，见证了两个普法规划的实施。在中央宣传部、司法部、全国普法办的有力指导下，各地区各部门围绕党和政府中心工作，结合本地区本部门实际，按照突出重点、分类指导、示范引领、全面推进的工作思路，创造性地开展法律六进活动，普法工作取得了显著成绩。归结起来，主要有以下做法：

一是注重顶层设计。各地区各部门从全局高度，统筹规划普法工作各方面、各层次、各要素，制定工作方案，集中有效资源，推动普法工作协调有序高效发展。2006 年 7 月、2012 年 2 月，在五五普法规划、六五普法规划发布之际，**中央宣传部、司法部、全国普法办**分别下发《关于开展"法律六进"活动的通知》《关于开展"深化'法律六进'，服务科学发展"法制宣传教育主题活动的通知》，明确法律六进的总体要求、工作措施和活动安排，为开展法律六进活动提供了基本遵循。司法部、全国普法办每年确定活动主题，针对机关、乡村、社区、学校、企业和单位实际，对深入开展法制宣传教育提出明确要求，作出具体部署；会同**中央组织部、中央宣传部、教育部、人力资源社会保障部、农业部、国务院国资委、共青团中央**等部门和单位制定下发《关于进一步加强领导干部学法用法，提高依法执政能力的意见》《关于加强公务员学法用法工作的意见》《关于加强农民学法用法工作的意见》《中小学法制教育指导纲要》《关于加强企业经营管理人员学法用法工作的若干意见》等文件，明确重点对象法制宣传教育的目标任务、工作内容和工作要求，促进了重点对象普法工作制度化规范化。

省、市、县、乡层层制定法律六进工作方案，出台工作标准。**安徽省**在全国率先制定机关、乡村、社区、学校和企业五个法治建设系列指导意见，引导各地区各部门在法律六进活动中研究新情况、探索新路子、创造新经验。2014 年 2 月，**四川省**司法厅发布《四川省推进"法律七进"工作方案》，从制度设计、阵地建设、人员保障等方面作出部署安排，明确工作措施和工作目标。文件下发后，省司法厅先后三次召开法律七进工作推进会、督导会，与21个市（州）签订目标责任书。同年5月，省委宣传部、省司法厅联合制定《四川省"法律七进"三年行动纲要（2014—2016年)》，围绕不同地域、不同行业、不同人群的差异化法律需求，拟制菜单式普法大纲，按照由浅入深、循序渐进、轻重缓急的原则，从现行法律法规中筛选出与广大干部群众工作学习、生产生活密切相关、急需急用、应知应会的法律法规，逐年、逐项、逐条安排需普及的重点法律知识，落实一年普及法律常识、两年培养法律意识、三年提升法律素质的路线图和时间表，切实解决法律七进进什么、怎么进、落到实的问题。**河北、辽宁、陕西、甘肃、宁夏、湖北、安徽、江西、广东、云南、江苏、天津**等18个省区市相继出台法制宣传教育地方性法规，确立法律六进的法律地位和工作要求，为法律六进活动的开展提供了法律保障。

二是精心组织实施。各地区各部门把法律六进作为促进经济社会发展的全局性、先导性、基础性工程，纳入各级党委和政府普法工作目标管理、地方经济社会发展和文明城市建设总体布局，层层动员部署，精心组织实施，确保法律六进活动有声势、有影响、有实效。2013 年 8 月 6 日、9 月 25 日，**司法部**、**全国普法办**分别在吉林省长春市、山东省寿光市举办法律进机关、法律进单位专场推进会，对这两项工作作出专项部署，提出明确要求。一些地方成立由主要领导任组长的法律六进工作领导小组，履行组织、指导、检查和协调职责。**安徽**省委、省人大、省政府、省政协领导带头参加法制讲座，作批示、作指导，并分别带队深入基层单位指导法律六进工作。五五普法期间，省、市、县三级领导参与普法活动达 1360 场 5600 人次。**山东**省委、省政府主要负责同志定期听取法律六进工作汇报，及时解决工作中的困难和问题。**吉林**、**宁夏**、**上海**、**贵州**等地召开座谈会、推进会、经验交流会和联系点现场会，加强工作指导和经验交流，推动普法工作不断迈上新台阶。

三是健全制度机制。主要包括：（1）普法责任制。六五普法期间，宁夏按照谁主管谁普法、谁执法谁普法、谁服务谁普法的原则，要求有执法资格和管理服务职能的各级国家机关、企事业单位在制定年度普法依法治理工作要点时，制订针对执法对象的普法计划，明确普法责任，开展法制教育。2016 年 7 月，**浙江省**在全国率先建立重点主管单位普法责任清单制度，进一步明确普法责任、目标任务、完成时间，构建分工明确、各司其职、齐抓共管的社会化法治宣传教育工作格局。2011 年 8 月，**安徽省蚌埠市**依法治市办建立普法通知书制度，将各单位落实普法通知书情况纳入市政府目标管理考核内容，用"硬指标"推动普法工作"软任务"的落实。普法通知书按三联单设置：第一联为存根，由签发单位保存备查；第二联为通知联，发往执行单位；第三联为回执联，执行单位收到后填写相关内容反馈到市依法治市领导小组办公室。各单位接到普法通知书后，须及时制定工作方案，认真组织实施，按要求汇总报送工作情况。

（2）联系点制度。2007 年 11 月，**安徽省**在全国率先建立法律六进活动联系点制度，省、市、县（区）、乡（镇）四级各部门建立不同类型、不同层次的法律六进联系点 23 万多个，明确联系双方的责任、内容和方式，以点带面、分类指导，带动了法律六进活动全面推开。

（3）普法工作制度。**重庆市**国资委在开展法律进企业活动中，建立法律顾问工作制度"五会制"，即法律顾问参与经营决策的会议制、参与对外合作的会谈制、对合同条文的会审制、对合同生效的会签制、对合同纠纷的会诊制，实践中取得良好效果。（4）考核评价机制。一些地方和部门结合工作实际，健全法律六进考核评价机制。目前已有18个省区市制定考核评价标准，明确目标要求、工作内容、方式方法和责任部门，做到责任到人、任务到岗。青海省委、省政府建立普法依法治理阶段性考核、终期考核和第三方评议调查机制，增强了各级领导干部的普法责任感。

四是创新载体方式。各地区各部门根据普法对象的不同特点和需求，加强阵地建设，丰富普法方式，提高了普法工作的针对性实效性。

（1）**围绕中心工作。**六五普法期间，司法部围绕党和国家重大部署、重要活动，组织开展"大力弘扬法治精神、共筑伟大中国梦"、庆祝中国共产党成立90周年、迎接党的十八大召开、纪念中国人民抗日战争暨世界反法西斯战争胜利70周年等主题法制宣传；围绕十二五时期经济社会发展目标和国家重大发展战略，组织开展服务经济发展新常态、一带一路建设、"大众创业、万众创新"等主题法制宣传；围绕维护社会和谐稳定，组织开展信访、调解等方面法律法规学习宣传；围绕维护国家安全和民族团结，开展反暴恐、反分裂主题法制宣传，有效服务了改革发展稳定大局。**黑龙江省**本着急用先普、急需先补的原则，与省委、省政府中心工作相结合，围绕物权法、信访条例、劳动合同法、土地管理法、环境保护法、人民调解法等重点法律法规的学习宣传，在全省开展不同形式、不同层次的主题活动，积极营造经济社会发展的良好法治环境。为保障北京奥运会成功举办，**北京、天津、上海、沈阳、青岛、秦皇岛**等地结合法律六进活动，开展"人文奥运·法治同行"奥运法制宣传，为北京奥运会圆满成功做出了积极贡献。**湖北省武汉市**开展"万名干部普法行"活动，要求领导干部深入基层，与旧城改造、城中村改造等政府中心工作相结合，引导群众通过协商、调解等合法途径解决争端，保证了政府重点项目顺利推进。2008 年 3 月 14 日，西藏拉萨等地发生由境内外藏独分裂势力相互勾结制造的打砸抢烧严重破坏社会秩序事件，**西藏、四川、青海、甘肃、云南**等省区在藏区集中开展以学法律、反分裂、促稳定为主题的法律进藏区、进农牧区、进社区、进寺庙、进家庭活动，维护了民族地区的社会稳定。

（2）**创新宣传载体**。全国普法办开通中国普法官方微博、微信和客户端，各地区各部门创办普法网站3700多个，普法官方微博、微信2600多个，定期组织法治动漫微电影作品征集展播、知识竞赛、征文等活动，每年参加人数超过1亿人次，有效拓展了普法广度和深度。一些地方利用微博、微信、QQ群、广告牌、触摸屏、手机短信、综合执法车、地标性建筑、火车轨道护栏和乡村交通要道两侧进行法制宣传，将法律六进的触角延伸到城乡居民生活的各方面各环节。**山东省**大力建设公共法律服务体系，全省90％的县（市、区）、64％的乡镇（街道）已建成公共法律服务中心（工作站），35％的村（社区）建成司法行政工作室；依托全国率先建成的党员干部远程教育网进行网络法制宣传，并开通普法公益短信平台，向广大手机用户宣传法律知识；打造公共法律服务网上大厅、远程视频会见帮教系统、社区矫正管理系统"三大平台",打通服务群众最后一公里,让群众只进"一扇门",就能办理司法行政所有事。**黑龙江省**根据冬季寒冷不宜户外活动的实际,从 2007 年开始,每年的 5—10 月,城市以区为单位,每月开展法律广场活动;农村以乡(镇)为单位,在每月的乡(镇)农贸大集日开展法律大集活动。各地固定活动地点,每月突出一个主题,群众一旦有法律问题,知道在什么时间到什么地方去寻求法律帮助。五五普法期间,全省 1100 个法律广场、法律大集共开展活动 6600 余场次,受众近千万人次。**广东省深圳市福田区**推动社会专才参与青少年普法,与科技公司合作开发《青少年法制教育多媒体软件——法律新人类(广域网版)》,精心设计"星际漫游""青蛙过河""小兔回家"等生动活泼的法制主题卡通游戏,青少年在游戏中学习了法律知识、树立了法治观念。**甘肃省甘南州和肃南、天祝**等民族县针对部分地区特别是少数民族牧区地广人稀、交通不便,普法教育难以延伸普及的情况,组建马背普法宣传队、摩托轻骑法制宣传队,建立普法大篷车、普法小分队等流动普法宣传阵地,深入牧区帐圈,宣传党的方针政策,开展法律知识教育，促进了农牧区和谐稳定。

（3）**丰富宣传方式**。**一是订单式普法**。**广东省广州市萝岗区**司法局实行订单式普法，普法人员进村居、入企业、到学校、去单位，通过与普法对象座谈交流、问卷调查、发放普法订单等形式，了解学法需求，确定普法内容，再由区普法办统筹安排预约服务，实现普法双向互动。国家电网厦门供电公司组织开展法律大篷车系列活动，大篷车出发前，先通过问卷调查、问题收集、涉法咨询等方式了解群众的法律需求，然后以现场会诊、现身说法、专家授课等方式，为公司领导、管理人员、基层员工分门别类、量身定制普法内容。**二是集中普法**。**宁夏回族自治区吴忠市**从 2015 年 7 月开始，组织有关部门集中开展"广场说法·一周一法"集群式普法宣传活动，共安排 31 个行政执法单位，每周一组织法治演出、周三播放法治电影、周六开展集中法治宣讲，将日常执法涉及的所有法律法规形成法律集群，在集中时段、固定场所有针对性地对群众进行全面系统的法律知识普及。**三是现身说法**。2010 年 7 月，**山东省胶州市**法院受理一起农村赡养案件，原告是一名瘫痪在床的七旬老妇，因多名被告子女忙于农活，法院把巡回法庭开到九龙镇董家屯村原告家的庭院里，当进行到法庭调解阶段时，法官邀请村委会干部和当事人的亲属、邻居等参与调解，通过辨法析理，调和了老人与子女之间的尴尬关系，最终促成老人与三名子女就日常照顾、生活来源、医药费等事项达成调解协议，年迈老人晚年生活有了着落，在场参与旁听的数十名村民也上了一堂生动的普法课。① **河南省**筛选行政败诉案件和渎职侵权犯罪案件，拍摄《依法行政警示录》专题片，在机关和公务员中开展警示教育。**四是普治并举。宁夏回族自治区**坚持普治结合、以普促治工作思路，加强各行各业依法治理，用普法工作促进依法治理工作发展，用依法治理成效检验普法成果，使普法依法治理工作向更宽领域、更深层次、更高标准推进。2010 年，自治区政府设立法律咨询委员会，为政府重大决策、行政立法、经济事务等建言献策。党的十八届四中全会后，宁夏出台《法治政府建设指标体系》

---

① 王银胜、刘素红：《六五规划出炉期待普法更给力》，《人民法院报》2011 年 8 月 7 日。

《行政程序规定》《重大行政决策规则》3 部规章，加快了法治政府建设步伐。**浙江省**在开展法律进市场活动中，坚持宣传与服务并重、以服务为先导，将法制宣传与法律服务有机结合起来，从市场管理人员、经营人员和消费者三个层面，分层次、有重点地开展与市场经营密切相关的法制宣传，不断提高市场管理人员、经营户依法管理、依法经营的能力，促进了市场持续健康发展。**山东省滕州市**首创企事业司法办公室，帮助企业清理尾欠款、解决职工法律难题、为企业审查修订合同、管理企业公章，把法律"进"企业变为法律"驻"企业。2010—2012 年，企事业司法办公室共代理诉讼、非诉讼法律事务 2617 件，提出司法建议 1690 条，审查修订合同 2.3 万份，避免和挽回经济损失 4.64 亿元。**五是**典型示范。2015 年，**宁夏回族自治区**组织开展年度"守法好公民"评选表彰活动，在县（区）、市逐级评选表彰的基础上，从市级"守法好公民"中推荐产生 100 名宁夏"守法好公民"，身患癌症还坚持接访讨薪工人的徐春雷、编外法官银川市兴庆区通贵清真大寺管委会主任段文海、积极协助村干部解决邻里纠纷的保安队队长马永军等上榜。自治区大张旗鼓表彰学法守法用法先进典型，引导群众养成自觉守法、遇事找法、解决问题靠法的法治观念。**重庆市綦江县**打造农村普法十里长廊示范区，在农村设立普法示范院坝、普法示范户，形成典型引路、资源整合、部门联动、配套服务、覆盖全县的农村普法新模式。

（4）**弘扬法治文化**。各地区各部门坚持寓普法于文化活动之中，依托图书馆、博物馆、展览馆、纪念馆、文化馆、社区（乡村）文化活动中心，利用公园、广场等公共场所，开展形式多样的法制宣传教育，充分发挥法治文化的引领教化作用。2012 年 1 月，**江苏省**发布《关于大力推进社会主义法治文化建设的实施意见》，提出实施组织保障体系完善、建设能力提升、作品创作繁荣、传播体系优化、法治文化惠民的"五大行动"，大力推进法治文化建设。**江阴市**充分发挥考核和评先评优的杠杆作用，将法治文化建设纳入法治镇创建考核、精神文明建设年度考核，有效激发机关、基层法治文化创建积极性。近年来，市级层面增加了消防教育馆、香山法制书屋示范点、环境科普教育展示馆、青少年法制教育基地、道路交通安全主题教育示范基地等一大批资金投入大、档次定位高、普法质效好的法治文化阵地，基层单位增加了南闸青少年禁毒馆、祝塘镇法治文化公园、澄江街道消防主题公园、城东胡山源法治文化广场、周庄实验小学交通安全情景园等法治文化阵地。2011 年，**宁夏回族自治区**启动法治文化建设年活动，累计投入2065 万余元，建设法治史馆、法治文化公园、法治文化长廊、法治文化广场、法治文化一条街、农村社区法治文化中心、青少年法治教育基地等 84 个不同类型的法治文化基地，从城市到乡村，从社区到集市，从市县、机关、单位、学校到工矿、街道、社会组织、宗教场所，唱响了一台台法治文化建设年的精彩大戏。**青海省**坚持把法治文化融入文化青海、大美青海的大局之中，与民间文化、现代文明、法治实践相结合，创作具有地方特色和法治元素的曲艺、舞蹈、花儿、动漫等法治文化作品，建设法治文化主题景观、法治文化公园、法治文化广场、法治文化长廊等多姿多彩的法治文化载体，达到了以法治信仰引导人、以法治环境感染人、以法治文化熏陶人的目的。**浙江省**充分利用本土传统文化、区域文化资源，推动法治文化与中华传统文化、浙江地方特色文化、行业文化、群众文化融合发展。创新方式方法，用群众身边的人和事以法释惑，用生动具体的案例议案讲法，使法律知识和法治观念在润物无声、潜移默化中深入人心；加强法治文化阵地建设，依托重大文化惠民工程和城乡文化设施，逐步完善基层法治文化公共设施，建立法治公园、法治广场、法治街区、法治文化中心等一大批不同类型、不同规模的普法场所，打造法治动漫大赛、运河普法一日游、钱江新城法治汇等法治文化精品项目和品牌。在实现主流媒体电台有声、电视有影、报纸有栏、网络有页的同时，特别注重运用网络、手机、数字电视等新兴媒体开展普法教育，打造浙江普法网群，形成具有浙江特色的普法微博集团军，创办浙江普法手机报，通过视听化和交互式宣传，把思想性、指导性、服务性与可读性、可视性、可听性统一起来，把冰冷的法律条文变成温暖的法律服务，取得了良好的法律效果和社会效果。**河北省巨鹿县**将 2015 年、2016 年分别确定为"法治文化建设年""法治文化建设提升年"，建立县委县政府统一领导、县委政法委牵头协调、各部门共同参与的法治文化建设领导体制和工作机制，打造法治文化墙、法治文化公园、法治机关长廊、县医院法治大院等法治文化阵地，在城区繁华路段树立电子屏滚动播放政策法规、普法栏目剧、交通安全提示等，在农村重点法治村制作500多块法制漫画宣传展板，广大群众处处、时时感受到法律对视觉、听觉的冲击。2016年上半年，全县信访量同比下降43%，刑事案件、治安案件同比分别下降28%、13.9%。2011年6月，**广东省广州市司法局、市普法办、广州广播电视台**合办的电视栏目《烦事有得倾》（粤语是什么麻烦事都可以好好说的意思）开播。该栏目采取情感故事现场拍摄的方式，以离奇的故事、曲折的情节牢牢抓住观众眼球，将故事和法律结合，将纠纷和调解结合，在故事中讲法律，在调解中讲和谐，在潜移默化中使观众领悟法律精神，调出了一款法制节目"鸡尾酒"，在广州地区所有能收看到的电视法治栏目中收视率高居第一，2012年获得全国十佳栏目奖。

五是突出工作重点。（1）突出宣传内容。12月4日被确定为国家宪法日后，**全国人大常委会办公厅、中央**

宣传部、司法部等每年联合举办座谈会、报告会，**教育部、司法部**在全国 40 万所中小学开展"晨读宪法"活动，市地级以上党报党刊统一刊登宪法宣传公益广告，营造学习宣传宪法的浓厚氛围。各地把宪法学习纳入党员干部法治培训必修课，作为党员干部远程教育、网上学法课堂的重要内容，推动宪法学习不断深入。**内蒙古自治区**确定 12 月为全区宪法学习宣传活动月，组织为期一个月的宪法学习宣传"五个一"活动，即一宣誓，组织自治区直属单位工作人员向宪法宣誓；一比赛，组织各族群众参加全区宪法知识大赛；一演讲，组织全区国家机关工作人员参加宪法主题演讲活动；一展演，组织全区法治文艺精品展演和表彰；一评选，评选揭晓全区年度十大法治事件暨十佳法治人物。同时，在内蒙古人民广播电台、电视台重要时段播放法学专家宪法系列专题讲座，在自治区主流纸质媒体每天讲一个宪法故事。**陕西省**在村委会换届选举期间，对广大农村群众开展村委会组织法的集中宣传活动，特别是加强对候选人、选举委员会成员、村两委成员和乡镇工作人员的集中培训教育，提高其依法管理农村事务的能力。**广西壮族自治**

区围绕库区移民安置问题，组建库区移民政策法规宣传组，深入库区向移民群众宣传大中型水库移民后期扶持政策、信访条例等政策法规，现场解答群众提出的问题，维护了库区移民合法权益，维护了社会稳定。（2）**突出宣传对象**。各地区各部门坚持以领导干部、公务员、青少年、农民、企业经营管理人员为普法重点，加强分类指导，推动全民普法。**一是**扎实推进领导干部和公务员学法用法工作。各地区各部门普遍建立党委（党组）中心组学法制度，把法治纳入干部录用和晋职培训内容，列入党校、行政学院、干部学院、社会主义学院必修课，一些地方把学法用法情况纳入公务员考核和领导班子、领导干部述职内容。司法部会同有关部门制播党员干部远程法治教育节目，举办领导干部法治思维和法治方式系列讲座；拓展公务员学习法律知识的渠道，建立和落实公务员学法用法制度、公务员法律知识考试考核制度、执法人员资格管理制度，有计划、有步骤、有重点地对公务员进行法律知识培训，把公务员掌握和运用与本职工作相关法律法规的情况作为录用、考核、晋升和评先选优的重要依据。**二是**深入推进青少年法治教育。**教育**

部、司法部、全国普法办制定印发《青少年法治教育大纲》，明确提出青少年法治教育的指导思想和工作要求；针对义务教育、高中教育、高等教育不同阶段特点，提出青少年法治教育的目标任务和具体内容；要求坚持学校教育、社会教育、家庭教育相结合，拓宽青少年法治教育途径；从组织与制度、师资队伍、评价机制、经费等方面，要求进一步加强青少年法治教育保障。各地积极落实青少年法治教育教材、课时、师资、经费，选派业务精、责任感强、宣讲能力好的政法工作者到中小学校兼任法制副校长，协助学校开展法制教育和周边环境整治工作，依托少年法庭、监狱和青少年活动中心等场所，加强青少年法治教育基地建设。目前，全国 80% 的中小学校配备了兼职法制副校长，96.5% 以上的中小学校配备了法治辅导员，建立青少年法治教育基地 3.5 万多个。**三是进一步加强对企业经营管理人员和农民等的法治宣传教育。**各地以促进诚信守法、依法经营为重点，广泛宣传与企业生产经营密切相关的法律法规。**山东省**

重视农村普法工作，大力推广枣庄"两个一工程"① 经验，培养法律大专生村干部和家庭法律明白人，加强农村普法队伍建设。（3）**突出时间节点**。司法部利用各项法律颁布实施日等时间节点，设立相关法律宣传月、宣传周、宣传日，形成了税法宣传月、中国水周、三八妇女维权周、知识产权宣传周、"3·15"消费者权益保护日等普法平台。**四川省芦山县**利用特殊时间节点，开展形式多样、各具特色的法治宣传教育主题活动，结合三八国际妇女节开展反家庭暴力法主题宣传活动，结合"4·15"全民国家安全教育日开展国家安全法主题宣传活动，结合"五四国际青年节"开展青少年法治宣传教育主题活动，结合"九九重阳节"开展老年人权益保障法主题宣传活动，普法工作的吸引力、感染力、渗透力不断增强，社会法治氛围日益深厚。

六是加强协作配合。各地区各部门在党委统一领导下，整合各方资源力量，畅通社会参与渠道，形成了一

---

① "两个一工程"是指为每个村培养一名法律大专水平的村干部，为每个农户培养一名法律明白人。

方搭台、多方唱戏的立体开放的法律六进工作格局。**组织、宣传、人事、教育、农业、民政、国资、工商部门及群团组织**充分发挥职能作用，积极参与到法律六进活动中来，加强协作配合，形成工作合力，有力推动了法律六进活动的开展。**国土资源系统**开展全国县（市）乡（镇）村干部国土资源法律知识宣传培训活动，提高了基层干部国土资源保护意识。海关系统开展法律进企业活动，促进企业守法自律。

七是开展监督检查。全国普法办发布关于开展普法总结验收工作的通知，对各地区各部门开展法律六进活动的进展情况进行专项检查，对活动中成绩突出、表现优异的机关、乡村、社区、学校、企业、单位和个人予以表彰。各地区各部门高度重视法律六进督查工作，推动各项部署落到实处。2014 年 8 月，**广东省**开展六五普法中期检查督导，14 名省级领导带队的检查督导组分赴各地基层，对法律六进工作进行全面检查督导，这在广东普法史上尚属首次。2015 年 9 月 8 日到 10 月下旬，**宁夏回族自治区**开展六五普法检查验收工作，组成 21 个检查验收组，采取随机抽查形式，对全区所有部门和单位的法律六进工作进行检查验收，实现了检查验收全覆盖；第一次引进第三方测评方法对 5 个地级市的法律六进工作进展情况进行检查验收，增强了督查工作的真实性和公信力。

八是强化基础建设。各地区各部门加强组织领导，强化保障条件，为法律六进活动的顺利开展提供了基本保证。一方面，加强普法队伍建设。**全国普法办**分别举办中央国家机关和地方普法骨干培训班，成立国家中高级干部讲师团。各地区各部门层层举办普法骨干培训班，成立或充实调整普法讲师团，不少部门和行业也成立普法宣讲团。六五普法期间，全国成立普法讲师团 8250 个、成员达 13.4 万名，成立志愿者队伍 4.7 万支、成员达 157.3 万名，培训普法骨干 630 万人次；另一方面，加大经费投入力度。普遍把普法经费列入地方年度财政预算，一些地方明确了人均普法经费标准，并根据经济社会发展情况进行动态调整。**宁夏回族自治区**每年安排专项经费 200 万元投入普法工作，2015 年将普法经费提高至 260 万元。六五普法期间，自治区累计投入普法经费 2162.97 万元，比五五普法期间增长 216.97%。

广东省探索设立公益普法项目资助经费,调动社会力量参与普法。如**深圳市**通过实施公民法律素质提升资助计划,先后资助社会组织申办的公益普法项目 18 个,涉及 DV普法情景剧、普法书画展等;**东莞市**利用政府购买服务开展普法工作,引入普法社工 1185 名。

(二)取得成效

法律六进活动开展以来,在党中央、国务院的正确领导和有力监督下,各地区各部门各单位和广大普法工作者扎实工作、开拓创新,普法规划顺利实施,普法工作取得了明显成效。

一是领导干部和公职人员法治意识有所提高。法律六进始终把领导干部、公务员作为普法重点。建立健全领导干部学法用法制度,加强党委(党组)中心组学法、领导干部法制讲座等工作,领导干部运用法治思维和法治方式深化改革、推动发展、化解矛盾、维护稳定能力有所提高,不讲诚信、蛮不讲理、拒不执行法院判决等无视法律权威的情况少了,带头学法、依法办事、依法决策的多了。行政执法人员依法行政意识大大增强,乱处罚、乱收费、乱摊派"三乱"现象有所减少。司法人员严格公正司法,司法不公、司法腐败得到有效遏制。

二是公民法律意识显著增强。法律六进丰富普法内容,拓宽普法途径,创新普法方式,使普法工作更加深入基层、更好服务群众,广大群众逐步从被动接受普法转变为主动学法用法,依法维权、依法表达诉求的意识不断提升。物权法草案向社会公布后 40 天里,社会各界人士共提出意见 11543 件;《劳动合同法草案》公布后 30 天里,全国人大常委会法工委共收到意见 191849 件,体现了公民较高的法律素质。据最高人民法院统计,2011 年全国一审行政案件收案 136353 件,同比上升 5.6%。与此同时,从 2005 年开始,我国连续 7 年保持信访总量、集体上访、重信重访、非正常上访数量持续下降的总体态势。这一升一降反映的是公民法律意识的提高,折射的是依法解决问题正成为普通群众的行为习惯。在一些农村地区,原来司空见惯的打架、赌博现象少了,原来频繁发生的盗窃案件、集体上访、聚众闹事现象基本不再发生。许多基层普法工作者反映,开展法律六进活动以来,老百姓的法律意识上升很快,遇到矛盾纠纷首先想到的是通过法律途径解决，而不像过去那样堵路上访。

三是依法治理工作取得可喜进展。各地区各部门坚持普法与依法治理相结合，有计划、有重点、有步骤地组织开展法律六进活动，促进了社会治理法治化。六五普法期间，司法部、全国普法办出台深化法治城市、法治县（市、区）创建活动意见，各省（区、市）和新疆生产建设兵团、310个市（地、州、盟）、2670个县（市、区、旗）全面开展法治创建活动；各部门各行业结合实际，开展法治机关建设、执法案卷评查等活动，推行权力清单和责任清单制度，并结合重点工作和热点难点问题深入开展专项治理活动。司法部、民政部共表彰1159个"全国民主法治示范村（社区）"。宁夏全区27个市、县（区）开展了以提高社会法治化管理水平为目标的地方依法治理，139个区直部门及中央驻宁单位开展了以依法执政、依法行政、依法管理、公正司法为重点的行业依法治理，2260个行政村、3127所学校、1026家国有集体企业、479个城市社区开展了以依法建制、以制治理、民主管理为基础的基层依法治理，在法制轨道上维护正常秩序、解决矛盾问题、协调利益关系、推动事业发展，有力维护了改革发展稳定大局。依法治理和法治创建活动的蓬勃开展，使群众参与法治实践能力不断增强，社会治理法治化水平不断提高。

四是促进了经济发展和社会稳定。各地通过深入开展法律六进活动，优化了法治环境，为吸引外来投资和项目、维护社会和谐稳定创造了有利条件。**江苏省江阴市**把法治作为增强地方竞争力和软实力的核心要素，强调法院严格公正司法，税务部门依法收税，优良的法治环境引来许多有实力的外地企业。六五普法以来，广东省建立健全家庭、学校、社会"三位一体"青少年普法联动机制，青少年学生违纪违法发生率均在控制线以下，绝大多数地方在校学生犯罪率为零，法律六进成为青少年远离违法犯罪的避风港和隔离墙。**甘肃省甘南藏族自治州卓尼县尼巴乡**所辖尼巴村和江车村是两个藏族村，1958 年因牧场之争引发武装械斗，导致 22 人死亡、80 余人受伤，形成了长达半个多世纪的"尼江问题"，不仅"拖"穷了两村群众，"拖"垮了两村发展，也给村民带来深深的心理伤害。六五普法期间，省司法厅指导甘南州、卓尼县抽调懂藏汉双语的政法系统工作人员深入两村开展调解，调解人员对村两委班子成员、党团员、村民小组长和牧民群众进行了耐心的法制宣传教育。省司法厅专门筹措 30 万元经费划拨卓尼县司法局，用于尼江两村法制宣传、法律服务、人民调解等经费补贴。2014 年下半年，尼江两村基本了结了长达数十年的恩怨和纠纷。①

（三）基本经验

各地区各部门在推进法律六进的普法实践中，创造了许多可复制、可推广的经验。概括起来，主要有以下几方面：

一是坚持围绕中心、服务大局。这是普法工作的生命所在、职责所系。开展法律六进活动，必须始终坚持党的领导，全面贯彻中央决策部署，与党委和政府中心工作和经济建设、平安创建、法治政府建设、精神文明建设、基层民主政治建设、社会主义新农村建设等工作

---

① 银燕：《尼江两村的"结"解了》，《人民日报》2014 年 10 月 23 日。

紧密结合起来，自觉把普法工作放在"五位一体"总体布局和"四个全面"战略布局中来谋划、来推进，充分发挥普法工作促增长、促民生、促和谐的重要作用，以法治思维和法治方式化解难题、助推发展、提供服务。只有这样，法律六进才会得到党委和政府的重视和支持，才会焕发蓬勃生机和活力。

二是坚持关注民生、服务人民。这是普法工作的出发点和落脚点。法律六进能否取得实效，很大程度上取决于群众对普法内容和方式的接受和认可。必须把以人为本、关注民生、维护民生贯穿于法律六进活动全过程和各方面，紧紧围绕人民群众生产生活开展普法工作，强化服务理念，尊重群众主体地位，帮助群众解决实际困难，在服务群众中教育群众，使群众在学法用法中感受到法律关怀，乐于"消费"法律。只有这样，法律才会成为群众的生活必需品，法律六进才会得到群众的拥护和欢迎。

三是坚持与时俱进、开拓创新。这是普法工作保持旺盛生命力的不竭源泉。没有创造性的工作，法律六进就容易沦为形式。必须树立变化变革创新理念，围绕党和政府中心工作、重大任务，创新宣传载体，大力开展法制宣传教育主题活动，形成声势、扩大影响、创立品牌；创新方式方法，用通俗易懂的群众语言普法，用具体的案例讲法，用群众身边的人和事释法，使普法工作更加贴近群众、贴近生活、贴近基层。只有这样，法律六进才能适应经济社会发展和人民群众法律需求，才能在服务大局、服务群众中谋求更大发展。

四是坚持突出重点、分类指导。这是普法工作取得成效的关键。普法不看对象、不论条件，千人一面、千篇一律，势必事倍功半。必须善于抓住重点，分类施教，针对不同对象，采取不同方法，提高普法工作的针对性和实效性；紧紧抓住领导干部这一关键少数，提高依法执政、依法行政、依法决策能力，示范带领全社会学法守法用法；坚持以公务员、青少年、农民、企业经营管理人员为重点对象，以宪法法律、群众的法律需求和与群众生产生活密切相关的法律法规为重点内容，切实增强普法成效。只有这样，法律六进才能满足不同层次群众的需要，才能实现普法效果最大化。

五是坚持学用结合、普治并举。这是普法工作的根本目的。实践是最生动的法制宣传教育。必须把普法工作根植于法治实践之中，通过以案说法、以案普法、以案学法等方式，把普法与法律服务、法律援助和人民调解有机结合起来，让纸上的法成为人们心中的法；始终贴近群众的法律需求，把管理与服务相结合，把维护权益与规范行为相结合，把普法教育与群众生产生活实际相结合，以普法推动法治实践，以法治实践成果检验普法工作成效。只有这样，法律六进才能让法律内化为公民的生活方式和行为遵循，才能真正入耳入脑入心。

六是坚持加强协调、整合力量。这是普法工作顺利进行的基本保证。法律六进是一项复杂而系统的社会工程，仅靠司法行政部门不行，需要社会各界的积极支持和广泛参与。必须以完善领导体制和工作机制为重点，加强统筹规划，整合社会资源，构建党委领导、政府实施、人大和政协监督、各部门齐抓共管、全社会共同参与的普法工作格局；坚持把普法纳入地方经济社会发展目标责任考核体系，确保各项任务落到实处；加强专兼职普法队伍建设，充分发挥普法讲师团、法制宣传员和法制宣传志愿者的作用；探索普法市场化运作机制，调动社会各界力量参与普法，为普法工作注入源源不断的人才、智力和资金支持。只有这样，法律六进才有坚实的组织保障和制度保障，才能行稳致远。

三 法律六进的主要问题

虽然法律六进取得显著成绩，但也要清醒看到，与全面依法治国的要求相比，与广大人民群众的期待相比，与推进国家治理体系和治理能力现代化的目标相比，法律六进工作还存在一些问题和不足。主要表现在以下几方面：

一是普法工作不够重视。有的领导干部不重视法律六进工作，认为普法二三十年下来也就那么回事，看不见、摸不着，工作难以衡量，既产生不出多大"政绩"，对年度工作目标考核也影响不大（有的地方党政领导干部年终综合目标考核中法治建设的分值仅占2%），做得好与不好没有多大关系，存在说起来重要、做起来次要、忙起来不要现象。实践中，有的单位普法就是制定一个规划、召开一次会议、举办一个培训班、撰写一个总结报告，有的单位局限于张贴宣传画、播放宣传片、下发宣传材料，普法工作摆不上主要负责同志案头，列不入领导班子议事日程，进不了单位工作要点。个别领导干部甚至抱持有法没办法、无法有办法的心理，害怕群众学多了搞懂了不好管，干脆不抓。有的基层法院法官反映，从其多年审判实践看，一些地方特别是农村地区公民的法律意识还不高，部分村民在自身权益受到侵害时，首先想到的是找熟人、托关系，而不是找法律、请律师，认为权力有用、法律无用，打官司费钱、费时、费力，即便赢了也可能不管用，对普法宣传不感兴趣。

二是工作体制不够顺畅。当前，普法工作的领导体制、工作机构和人员力量还不能适应普法工作的需要。**从领导体制看**，党的十八届四中全会前，各地普法工作由普法依法治理领导小组领导，领导小组办公室大多设在司法行政部门。四中全会后，一些地方建立法治建设领导机构，同时撤销普法依法治理领导小组。据统计，有 24 个省份成立了依法治省专门机构，办公室设在司法厅（局）的 13 个，设在省委政法委的 7 个，设在省委办公厅的 4 个。司法厅（局）主要承担普法职责，不具有协调人大常委会、政府、法院、检察院和党委所属部门的法定职能；党委政法委主要领导公、检、法、司、安的工作，缺乏足够人员和相关经验开展普法工作；党委办公厅是省委办事机构，同样面临机构人员不适应问题。这种上下不对应，左右不统一，机构、人员、职能不协调的状况，既不利于法治建设的深入推进，也不利于法律六进工作的开展。以青海省为例，党的十八届四中全会后省法宣办撤销，相关职能并入省依法治省办，普法失去了文件指导和会议部署两个工作抓手，司法厅牵头落实的普法项目，一旦涉及省直部门、企事业和中央驻青单位，协调难度明显增大。**从工作机构看**，缺乏从事普法工作的专门机构。长期以来，多数地方的普法工作由普法依法治理领导小组领导，办公室挂靠在司法行政部门的法制宣传处，实行一个机构、两块牌子。普法依法治理领导小组及其下设办公室都是临时机构，有责无权，地位不高，与其承担的繁重职能极不协调。领导小组成员多半是党委和政府的负责人，工作繁忙、人事变动频繁，或多或少都有挂挂名的思想，难以真正负起责任。由于办公室挂靠司法行政部门，人们普遍认为普法工作只是司法行政部门的事，常常造成司法行政部门单打独斗的局面。此外，受职责、权限、编制的限制，普法工作机构职责不明、权限不清、人才难进，成为制约法律六进工作开展的瓶颈之一。**从人员力量看**，基层专门从事普法工作的人员普遍偏少，县级一般为3—4人，有的甚至只有1人，乡镇一般是一名身兼多项工作的司法员，人员如此单薄的办事机构与职能如此繁重的法律六进工作极不相称，处于小马拉大车的尴尬境地。

三是工作机制不够健全。有的领导干部不落实普法第一责任人职责，对于法律六进活动只是出出面、讲讲话，督促少、检查少，成为"挂名责任人"。一些部门和单位不落实谁执法谁普法机制，认为法律六进只是司法行政部门的事，工作中存在衔接配合不够密切、执法与普法脱节和工作等上级布置、靠节假日推进等问题。一些地方督促检查机制不健全，对布置的工作缺乏常普常抓、抓实抓细、落小落实的具体措施，没有把普法纳入机关组成部门、直属单位和干部职工考核范围，抓落实缺乏有效抓手。一些地方考核评价机制不完善，对普法效果缺乏科学客观的测评标准，法律素质和法治能力作为干部提拔使用的重要参考往往写在文件上，没有落实到干部选拔任用、法治地区创建工作中。

四是工作开展不够平衡。总体上看，法律六进活动在城市机关、企事业单位开展较好，乡镇特别是村级组织开展较差，法律进村入户做得不够。一些地方重视对领导干部、公务员、企业经营管理人员的普法教育，忽视对农民、居民、企业职工、个体工商户等的普法教育。法律进乡村还留有死角，对农民、农村流动人口的普法覆盖不全，普法形式单一，普法效果较差。一些地方对未升入高中、大学的初高中毕业生的普法教育不够重视，导致这部分青少年违法犯罪突出。2016 年 1 月重庆市璧山县人民法院判决的 24 名青少年强奸抢劫案中，有 18 名罪犯是初中毕业未升入高中的待业青年。

五是工作方式不够新颖。近年来，普法工作在方式方法创新和载体平台建设方面取得了显著成效，但仍存在创新范围不广、方式不规范，部分地方普法方式陈旧单一、跟不上时代步伐等问题。主要表现为：一些地方开展法律六进活动，仍沿袭层层举办培训班培训骨干、再由宣讲骨干向普法对象辅导宣讲的运动式、灌输式、填鸭式普法老套路，不注重调动其他部门和社会力量的积极性；一些地方传统的摆（摆摊法律咨询）、讲（讲法制课）、赛（法律知识竞赛）、考（法律知识考试）等方式在普法工作中仍占据主流，满足于通过拉横幅、贴标语、出宣传栏、设宣传台等形式进行普法，不注重结合实际推陈出新；对农民、基层群众普法形式单一问题突出，多采用上大课、满堂灌、照本宣科的形式，我讲你听、你说我记，讲解者口干舌燥，旁听者索然无味；部分单位靠一本枯燥乏味的普法教材、一节蜻蜓点水式的串讲、一场"团体操（抄）"式的普法考试就完成干部职工的普法教育，雨过地皮湿、效果不理想；一些地方主要采用板报、墙报、有线广播等传统方式进行宣传，不善于利用网络、微博、微信等新媒体进行宣传；一些普法读本理论知识篇幅偏大，结合实际不够紧密，群众感觉味同嚼蜡，学法积极性不高。

六是工作成效不够理想。**一是**缺乏针对性。一些地方的法律六进工作不细致、不扎实，为普法而普法，为宣传而宣传，忽视不同群众的不同需求，不了解群众关注的法律重点、法律方面的疑难困惑、生产生活中需要的法律服务，上下左右一般粗，针对性不强。**二是**缺乏互动性。一些地方的法律六进工作单纯依靠党和政府推动，司法行政部门主导，政府做菜、百姓吃饭，缺少互动性，存在单向灌输、隔靴搔痒问题。**三是缺乏权利教育**。长期以来，无论是内容设定、对象选择还是目标追求，普法工作都把教育老百姓知法守法、履行法律义务、不得违法犯罪放在首位，忽视对老百姓权利意识的培养，相当程度上挫伤了广大群众学法用法热情。**四是形式主义盛行**。一些地方片面理解把法律交给亿万人民，只关注群众学了多少部法律，记住了多少法律条文，普法考试成绩提高了多少个百分点，却不关注群众法律素质的提升和法治实践的参与。一些地方认为"普法就是搞活动"，片面追求表面上的热闹，忽视了普法的实际效果。个别地方进行普法考试时，先把试题答案发到参考人员手里，参考人员只需打勾画叉或填写 ABCD 就可交卷过关。有基层一线同志坦言，普法是一项最容易应付检查的工作，搞几个参观点、树几个"花瓶"就可以。

七是基础建设不够健全。从制度建设看，国家尚未制定法治宣传法，法律六进缺乏统一的职责要求、工作制度、保障条件等规定，不利于这项工作的规范健康发展。从经费保障看，普法经费缺乏标准，经费投入普遍偏少，有的地方有限的经费也不能做到专款专用。从横向上看，发达地区与不发达地区的经费投入差距很大，发达地区普法经费相对充裕，中西部地区普法经费缺口较大，难以保障法律六进工作正常开展。从纵向上看，省级地方政府列入财政预算的普法经费基本能够满足工作需要，但县乡两级投入的普法经费较少，有的近百万人口的县，一年列入财政预算的普法经费人均不足 5 分钱。

八是普法环境不够优化。虽然改革开放以来，我国大力推进法治建设，法治环境明显改善，但从整体上看，现阶段我国的法治环境仍不容乐观。**一是**有的领导干部法律意识不强，知法犯法、以言代法、以权压法、徇私枉法，不依法办事，手电筒只照别人、不照自己，对法律六进产生极大负面影响。**二是**个别行政机关乱收费、乱罚款、乱摊派，搞权钱交易、贪赃枉法、以罚代刑，搞钓鱼执法、养鱼执法，引起群众强烈不满。司法机关也存在司法不公、司法腐败现象，损害了法律的形象和尊严，影响了群众学法用法的积极性。**三是**由于法治不健全，还存在一些情况下违法成本低、守法成本高的现象，削弱了人们对法律的信心。**四是**熟人好办事等传统乡土文化不利于普法工作开展。

四　加强和改进法律六进工作的对策建议

党的十八届四中全会提出，坚持把全民普法和守法作为依法治国的长期基础性工作，深入开展法治宣传教育。七五普法规划强调，深化法律进机关、进乡村、进社区、进学校、进企业、进单位的法律六进主题活动，完善工作标准，建立长效机制。新形势新任务对普法工作提出了新的更高要求。我们一定要认清形势，统一思想，抢抓机遇，凝聚力量，努力把法律六进工作推向新的高度。

第一，提高思想认识。各级党委和政府要从全面依法治国和国家长治久安的高度，深刻认识法律六进对于提升公民法律素质、推动经济社会发展、维护社会和谐稳定的重要意义，自觉把法治宣传教育纳入本地区本部门总体发展规划，纳入党委和政府目标管理，纳入领导干部综合考核评价体系，把普法的各项目标任务层层分解落实到各系统、各部门、各单位、各岗位、各个人，逐级签订责任书，一级抓一级，层层抓落实，确保认识到位、责任到位、投入到位、奖惩到位，切实解决两头热、中间梗阻等问题。

第二，理顺工作体制。为适应新时期普法工作的需要，建议成立中央普法依法治理工作领导小组，统筹规划普法和依法治理工作，中央宣传部、中央政法委、全国人大常委会、司法部等为成员单位，办公室设在司法部。地方普法领导机构和工作机构照此设置。这样既便于开展工作，也能保证普法工作的权威性。成立法治建设领导小组的地方，建议保留普法依法治理工作领导小组及其办公室。

第三，健全工作机制。一是健全谁执法谁普法的普法责任制。这是党的十八届四中全会提出的重要举措。普法是一项全民参与的社会工程，不是司法行政部门的独角戏，每一个政府部门、每一个公民既是普法对象，也是普法主体，都有普法的义务。特别是行政机关和司法机关要把普法作为本部门工作的一项重要内容，行政执法人员和法官、检察官要担负起向行政执法相对人和当事人普及法律知识的职责，逐步形成全社会齐抓共管的大普法工作格局。二是健全媒体公益普法制度。落实媒体普法责任，推动公益法治宣传在公共场所、公共区域的延伸覆盖，增强公益法治宣传的传播力影响力。**三是**建立健全普法工作责任制。把法律六进工作完成情况同领导干部的考核、奖惩、提拔、任免挂钩，对普法工作中积极组织实施、认真完成任务、成绩突出的干部和工作人员，要大张旗鼓进行表彰奖励，大胆提拔重用；对不重视、抓而不紧、实效不大的不仅不能评先评优，还要严肃追究相关领导人员的责任。**四是**完善考核评价机制。根据国家对开展法律六进活动提出的要求，结合各地区各部门实际，制定系统科学、简明实用的法律六进工作标准和普法效果评估量化指标体系，对每一进的工作任务、工作目标、所占分值等作出规定，同时加强第三方评估机制建设，定期考核，严格奖惩，确保法律六进工作扎实有效开展。各级政府要做好中期督导检查和终期评估验收，并向本级人大常委会报告。各级人大及其常委会要运用执法检查、听取和审议工作报告以及代表视察、专题调研等形式，加强对普法的监督检查，保证法律六进各项任务圆满完成。

第四，尽快制定法治宣传教育法。七五普法规划提出，加强地方法治宣传教育条例制定和修订工作，制定国家法治宣传教育法。要在全面总结 6 个普法规划实施情况和各地法治宣传教育立法经验基础上，尽快制定《中华人民共和国法治宣传教育法》，确立法治宣传教育的法律地位，明确法治宣传教育的领导体制和工作机制，规定法治宣传教育的原则、主体、对象、内容、方式、队伍建设、经费保障、监督检查、责任追究等内容，增强普法工作的刚性和约束力，促进普法工作的制度化、规范化、程序化。

第五，创新载体方式。一是实行分类指导。考虑到普法对象的多元多样，应当针对不同层次、不同对象的不同特点、不同需求，因人施教、因类施教，激发群众的学法热情和用法原动力，使普法工作逐步由"要我学"转变为"我要学"。二是实行订单普法。改变传统的单纯说教方式，深入基层、调查研究，根据群众的关注点和兴奋点、法律困惑和服务需求来普法，选择与他们生产生活密切相关的法律知识为切入点，把法律六进与为民服务融为一体，做到有的放矢、区别对待。三是加强阵地建设。结合城市规划建设，在人流量大的繁华街区、重要路段和居民小区建立一批融实用性和艺术性为一体的法治宣传橱窗，同时注意宣传内容的可读性和趣味性，常换常新，吸引更多人驻足观看。结合数字化小区智能型社区建设，充分发挥社区的广播、报纸、电视、互联网的普法作用。**四是**坚持普治并举。要善于运用法治建设实践进行普法教育，把普法工作贯穿于立法、执法、司法各环节。要善于运用典型案例进行普法教育，阐释法律知识，警示违法后果。要在总结经验基础上，继续推进依法治省（区、市）、依法治市（地、州）、依法治县（市、区）创建活动，把法治城市、法治县（市、区）创建活动作为深化法律六进工作的重要载体，制定和完善创建工作制度机制，在创建中深化法律六进。

五是加强法治文化建设。要充分发挥法制文艺的引领教化功能，创造出更多人民群众喜闻乐见的法制文艺作品，让群众在图文并茂、声色俱全、动静结合的立体型、多感官法律情境中学法悟法，在潜移默化中接受法律熏陶。

六是积极利用新媒体新技术推进普法工作。建议建立全国性法治宣传教育互联网发布平台，利用互联网＋技术建立法治宣传教育大数据库，组织法学专家和法律实务工作者向社会提供准确权威的法律知识和法律技能培训服务产品，由受众根据自身需求进行菜单式、订单式法律知识教育，实现实时普法、实时学法、实时用法。办好普法网站，推动政府网站及门户网站加大法治宣传力度，通过微博、微信、动漫、博客、QQ群、微电影、微电视等新型传播手段开展普法工作，为公众提供更多、更便捷的学法用法渠道。

第六，加大基础建设力度。要健全普法办事机构，改善交通工具、宣传设备和办公条件。要加强队伍建设，建设一支懂政策、懂法律、懂业务，会宣传、会发动、会协调，政治素质好、业务能力强、能独当一面开展工作的普法工作者队伍，承担普法工作的主力军角色。在法治宣传教育法中明确各级普法机构编制，建议省级普法依法治理办公室编制为9—12人，市级编制为7—10人，县级编制为5—8人，乡镇编制为2—3人，村级健全法治宣传员队伍，聘请退休老干部、老教师、老党员担任普法宣传员，改变农村普法工作有人抓无人管、指导不力的现状。要发挥普法讲师团、法制文艺宣传队、法制宣传志愿者的作用，尤其要在农村干部、青年学生、退休干部、退伍军人中培养一批热心服务群众、掌握一定法律知识的法律明白人，成为不离乡、长在村的法制宣传员，长期为农民群众服务。要把普法经费列入政府财政预算，保证普法工作正常运转。建议全国普法办会同财政部研究制定相对统一的普法经费预算标准，经济发达地区可考虑年人均经费为2—3元，中等发达地区为1.5—2元，经济欠发达地区为1—1.5元。同时，建立普法经费使用审计监督制度，督促各级财政按要求把普法经费列入于本级财政预算，并保证专款专用。

五 法律八进：法律六进的深化和拓展

按照惯例，中央普法规划出台后，各省区市要结合实际制定本地区普法规划。为更好推进法律六进工作，一些地方在法律六进基础上，结合本地实际提出了法律六进＋N进的普法模式。

在省一级，浙江、青海、黑龙江提出法律七进，分别增加了法律进市场、法律进宗教场所、法律进军营；河北、宁夏提出法律八进，分别增加了法律进家庭、法律进市场和法律进宗教场所、法律进社会组织。在省以下地方，法律七进、八进、九进、十进的提法都有，增加的内容包括法律进公园、进景区、进宾馆、进酒店、进医院、进工地、进工程、进市场、进书市、进中介、进社团、进监所、进军营、进边疆、进宗教场所、进社会组织、进公共场所、进工业园区等，最大限度地消灭普法的死角和盲点。

法律六进＋N进的普法模式，不仅扩大了普法工作的覆盖面，而且紧密结合本地实际，使普法工作更加接地气、连民心，极大增强了普法工作的影响力、感染力和渗透力。比如，河北省衡水市推进法律进市场，开展公平守信示范市场创建活动，规范了市场经营秩序，促进了市场繁荣稳定；山东省济南市建委系统开展送法到工地活动，把普法与农民工的爱好结合起来，向农民工免费发放维权扑克 5 万副，收到良好效果；云南省文山州马关县为提高边民的法律意识和法治素养，开展送法进边境活动，把普法与解决边民的切身利益问题结合起来，为群众提供实实在在的法律服务和法律保障；河南省商丘市司法局组织开展法律服务进军营活动，选派经验丰富的优秀律师为部队官兵举办法制讲座、提供法律咨询，为驻商部队官兵送去法律大餐。

其中，法律进宗教场所和法律进家庭最具代表性，在此分别作一介绍。

（一）法律进宗教场所

1. 法律进宗教场所的提出

五五普法规划发布不久，青海省根据本省少数民族比较集中、信教群众较多的情况，制定了《关于广泛开展"法律七进"活动的实施方案》，在法律六进基础上，提出法律进宗教场所。六五普法期间，四川省、宁夏回族自治区也增加提出法律进宗教场所。在市地一级，一些民族地区和信教群众比较集中的地方，如新疆维吾尔自治区伊犁州、甘肃省临夏回族自治州、云南省迪庆州、河南省商丘市，开展了法律进宗教场所活动。在县一级，开展法律进宗教场所的地方更多，不仅西部省份有，东部省份也有。

有关地方开展法律进宗教场所活动，主要出于以下几方面考虑：

一是维护社会稳定。这是有关地方开展此项活动的首要原因。从地区分布看，开展法律进宗教场所活动的多是民族地区和信教群众比较集中的地方。在这些地方，法律进宗教场所是维护社会稳定的压舱石。据不完全统计，我国现有各种宗教信徒 1 亿多人，宗教场所 8.5 万余处，宗教教职人员约 30 万人[1]，分布于全国各地，西

---

[1] 国务院新闻办公室：《中国的宗教信仰自由状况》白皮书，2014 年 7 月 14 日发布。

部地区尤为集中，开展法律进宗教场所活动的多在这些地方。新疆宗教具有"三多"特征，信教群众多、宗教场所多、宗教教职人员多，现有清真寺、教堂、寺院、道观等宗教场所约 2.48 万座，宗教教职人员 2.93 万人[1]，宗教问题成为新疆社会稳定的晴雨表。西藏有佛教活动场所 1700 多处，住寺僧尼约 4.6 万人，每年到拉萨朝佛敬香的信教群众达百万人次以上。青海有宗教场所 2155 座，宗教教职人员 4.81 万人。宁夏有宗教场所 4000 余座，信教群众占全区总人口 1/3 以上。四川则是全国唯一的羌族聚居区、最大彝族聚居区和第二大藏区。此外，西部民族地区的宗教教职人员和信教群众大多识字率不高、法律意识不强、守法习惯匮乏，宗教势力影响较大。开展法律进宗教场所活动，对宗教教职人员和信教群众进行法律培训，有助于消除他们对学法用法活动的疑虑疑惑和片面认识，了解党的民族宗教政策和国家法律法规，懂得违法犯罪的界限，增强其维护祖国统

---

[1]　国务院新闻办公室：《新疆的宗教信仰自由状况》白皮书，2016 年 6 月 2 日发布。

一、民族团结、社会稳定的自觉性，形成和维护正常宗教秩序，促进本地区社会和谐稳定。

二是扩大普法范围。一五普法以来，农村一直是普法工作的薄弱环节。由于农民居住分散、文化传播渠道不宽以及一些基层组织作用发挥不理想等原因，把农民集中起来进行普法很不容易。但信教群众到宗教场所参加宗教活动却比较规律。以宁夏回族群众为例，他们主要居住在农村，一些群众天天上寺礼拜，周五主麻日和重要宗教节日上寺礼拜的更多。开展法律进宗教场所活动，利用宗教活动的规律性和人员密集性特征，有助于拓宽普法范围，解决农村普法难问题，提高农民群众的法律意识和法治素养。

三是增强普法效果。宗教教职人员大多在信教群众中享有一定声望和威信，具有较大号召力和影响力。开展法律进宗教场所活动，既可以提高宗教教职人员的法律意识，又可以利用他们对信教群众的特殊影响，普及法律知识，化解矛盾纠纷。

四是促进依法管理。依法管理宗教事务是维护宗教场所自身利益的内在要求，也是建设和谐寺观教堂的重要内容。实践中，一些宗教内部规章制度不健全，不同教派之间争夺宗教资源、寺院财务不公开等引发的利益冲突不时可见。开展法律进宗教场所活动，依法加强宗教事务管理，有助于健全宗教场所规章制度和宗教教职人员管理规定，推动宗教场所制度化规范化建设，提高宗教教职人员依法管理宗教事务的能力，形成一批机构健全、制度完备、管理规范的民主法治示范寺院。

五是抵御境外渗透。近年来，国内外反恐形势复杂严峻，一些地方民族宗教问题突出，达赖喇嘛长期对藏传佛教寺庙进行渗透，东突极端势力对伊斯兰寺庙的影响较大，沙特、泰国、巴基斯坦"达洼"串联传教活动猖獗，基督教私设聚会点等问题层出不穷。开展法律进宗教场所活动，向宗教教职人员和信教群众宣传法律知识和民族宗教政策，有助于引导他们自觉爱国爱教、守法持戒，排除外来影响干扰，防范一些组织和个人利用宗教进行分裂国家、传播宗教极端思想、煽动民族仇恨的活动。

2. 法律进宗教场所的主要做法

法律进宗教场所活动开展以来，有关地方和部门认真总结送法入寺工作经验，着力创新载体、创新形式、创新手段，不断提高宗教教职人员和信教群众对党的民族宗教政策和国家法律法规的认知度和接受度，推动普法工作迈上新台阶。概括起来，法律进宗教场所的做法主要有：

一是加强组织领导。有关地方和部门按照省区统一安排，制定实施方案，层层动员部署，提出具体要求，同时明确司法行政、统战、民族宗教部门的主体责任，政法、宣传、综治、公安、教育和司法等部门的协同责任，确保各项工作有人抓、有人管、能落实。2006 年 9 月和 2007 年 10 月，**青海省**先后印发《关于广泛开展"法律七进"活动的实施方案》和《关于开展"法律七进"活动职责分工的意见》，对法律进宗教场所作出部署安排。各牵头单位和责任单位按照职责分工和任务要求，将法律进宗教场所工作与本单位业务工作紧密结合起来，纳入目标管理考核范畴，制定指导意见和实施办法，确保每一项都有具体明确的规范内容、量化指标、推进措施和运行机制，有力推动了这项工作深入开展。**四川省**制定法律七进工作示范标准（试行），在法律进宗教场所方面提出，全面推进寺庙四进，即进法治宣传、进普法读本、进法宣阵地、进法律服务；七有，即有法律明白人、有法律图书室、有法治宣讲、有法治宣传栏、有寺庙普法读物、有法律服务点、有法治宣传专题片；在藏区各县成立由县委领导任组长，县级相关部门、各乡镇（场）、各寺管会（所）负责人为成员的寺庙法治宣传教育工作领导小组，并确定专人负责日常工作，确保法律进宗教场所工作取得实实在在的成效。

二是完善工作机制。有关地方和部门建立健全制度机制，有力促进了法律进宗教场所工作的制度化、规范化、常态化。这些机制主要包括：（1）**干部联系机制**。有关地方和部门建立领导干部联系点制度，加强对宗教场所的管理和服务。**四川省**开展经常性党员干部送法入寺活动，党员干部利用入寺调研、检查、慰问等时机，采用谈心、讲解等方式，宣传国家法律，解决实际问题，维护合法权益。**青海省湟中县**人民政府长期向塔尔寺派驻6名驻寺干部，在社会保险、养老保险、文物保护、文化传承等方面为僧人提供法律帮助。（2）**依法治寺长效机制**。针对寺院管理中普遍存在的薄弱环节，有关地方全面修订寺庙管理制度，重点完善宗教教职人员学法、请销假、人民调解、财务公开、宗教活动审批、教职人员档案管理等制度，提高寺院民管会班子依法管理寺院的能力。**青海省海南州**强化对本地清真寺经师、阿訇、学经人员的聘用和管理，严格入寺程序，严禁有违法前科、非法出境回流人员入寺为僧，严禁无证阿訇入寺开学，同时按照寺不漏舍、舍不漏僧的要求，全面细致排查登记境外回流、刑满释放、开除寺籍的重点人员，建立健全管控帮扶档案，落实帮扶责任人和措施，一对一、多对一进行帮扶，盯死看牢、防止滋事。（3）**督促检查机制**。有关地方建立督促检查机制，由督查部门定期或不定期进行监督指导，确保法律进宗教场所工作落实到位。（4）**目标考核机制**。**甘肃、青海、宁夏**等18个省区市制定法律六进工作考评考核标准，明确法律进宗教场所的工作目标、工作内容、方式方法和责任单位，并详细规定可量化的考核标准，使这项工作有规可依、有章可循。

三是实行精准普法。有关地方和部门针对普法对象的不同需求，推行精准化、精细化普法，取得了良好效果。（1）**实行分类指导**。青海省果洛藏族自治州按照属地管理、分级负责的原则，划分全州县、乡管理寺院，按照区别对待、一寺一策的原则，制定普法工作措施和办法，增强了普法工作的针对性实效性。（2）**聚焦普法内容**。有关地方和部门从重点法律宣传、民生保障改善、宗教教职人员和信教群众最关心最直接最现实的问题入手，坚持不懈抓好宪法学习宣传教育，抓好与广大宗教教职人员工作生活密切相关的法律法规学习宣传教育。**青海省**广泛开展"三宣讲"活动，即宣讲党的民族宗教政策，宣讲宪法法律，宣讲公民自觉维护社会稳定的责任和义务。**四川省稻城县**将寺庙宣传栏分为 3 列，分别为民族宗教政策、土地法律法规、宗教教职人员权利和义务，有重点地开展送法入寺工作。（3）**突出普法对象**。有关地方将寺管会成员、宗教上层人士、年轻宗教教职人员确定为重点普法对象，通过举办法制培训班、组建寺院法制教育宣讲团等方式，系统学习宣讲法律法规，以重点普法对象带动广大信教群众学法。（4）**实行菜单式普法**。**云南省玉溪市**通过实地走访、座谈交流、发放问卷调查表等方式，全面掌握宗教场所的分布及宗教教职人员和信教群众数量构成等情况，认真听取宗教教职人员和信教群众的法律需求，努力做到因寺施教、因人施教、因时施教，使普法工作更加贴近实际、贴近寺院、贴近僧人。

四是丰富载体方式。多年来，有关地方和部门积极探索创新普法载体和方式，保持了法律进宗教场所活动的旺盛生命力。主要包括：（1）**开展学习培训**。有关地方和部门将普法纳入民管会日常工作，将法律知识作为宗教教职人员学习培训重点，帮助健全学法制度，指导寺院翻译、编写普法教材。六五普法期间，**青海省**县以上地方共举办宗教教职人员法制培训班 585 期，培训人员约 2.15 万人次，安排寺院法制讲座 2039 场次，听取讲座人员约 4.1 万人次。（2）**引导宗教界代表人士开展普法工作**。有关地方引导宗教界代表人士利用讲经布道向信教群众宣讲政策法律，并形成制度、固化为常态。六五普法期间，**青海省**宗教界代表人士利用讲经、讲道，主麻日聚礼、会礼等集体宗教活动开展政策法律宣传 8248 场次，参与信教群众约 265 万人次。**化隆回族自治县**从 20 世纪 90 年代起就以制贩枪支闻名，为治理枪患，地区和县司法局以法律进宗教场所为载体，通过宗教上层人士普及相关法律知识，枪患得到了有效抑制。笔者2016年8月曾到**宁夏回族自治区银川市永宁县**纳家户清真寺调研。纳家户清真寺是当地回族群众举办宗教活动的重要场所。接待我们的教长、寺管会主任吕忠明说，每次信教群众到寺院做礼拜，都会带着各种问题，如宅基地问题、遗产继承问题、子女赡养老人问题，来向他们咨询，他会从法律法规和教义教规的角度去解答。永宁县司法局的同志告诉我们，过去按照回族习俗，经清真寺阿訇念过祝词密卡哈①，男女就可以结为夫妻。开展法律进宗教场所活动后，阿訇只对领取结婚证的青年男女念密卡哈，避免了早婚、事实婚姻及一系列社会问题。

（3）**利用主流媒体和重大活动搭车宣传**。有关地方和部门利用黑板报、宣传栏、宣传橱窗等宣传阵地和报刊、广播、电视、网络等新闻媒体，广泛宣传党和国家民族宗教政策法规，做到宣传有计划、有内容、有重点、有落实、有检查，确保每个寺院道观不留死角。**宁夏回族**

---

① 阿拉伯语的意思是祝愿男女双方婚姻幸福美满。

自治区固原市彭阳县借举办穆斯林宣教活动卧尔兹演讲比赛之机，组织红河、新集、白阳司法所联合开展法律进清真寺活动，回族司法局长向信教群众做法制讲座，主麻日经阿訇许可回族司法助理员向信教群众讲述民法、老年人权益保障法等法律，打破了非教职人员不得在清真寺大殿演讲的禁令。（4）**普治并举、以普促治。青海省**把普法与法律服务、矛盾纠纷排查化解、维护社会稳定结合起来，帮助寺院和僧人化解矛盾纠纷、解决实际困难，产生了良好社会效果。**宁夏回族自治区银川市金凤区**建立五员工作制，聘请阿訇为本辖区普法宣传员、矛盾纠纷调解员、计划生育宣传员、道路交通安全知识讲解员、禁毒知识宣传监督员，并为开学阿訇每月发放生活补贴400元，极大调动了宗教界人士开展法制宣传和人民调解工作、协助政府维护辖区稳定的积极性。**石嘴山市惠农区**银善寺聘请法律顾问入寺审核把关寺院建设合同、规范寺院财务管理、见证社会捐赠与寺产交接，大幅提升了寺院管理水平。（5）**打造法制宣传平台。青海省**从2010年开始，将每年3月定为寺院法制宣传月，要求各地区牵头单位、责任单位和相关单位联合组成工作组，进驻宗教场所集中开展法制宣传教育。各市州、县区、乡镇以每年3月寺院法制宣传月和6月宗教政策法规学习月为重点时段，对活佛、经师、阿訇及民管会成员进行法律法规和形势政策教育。**四川省甘孜州**以州佛教协会启动的"五二三学教"活动①为平台，指导州内宗教团体组建305个学教活动宣讲组，累计开展各类入寺宣讲活动1572场次，覆盖率达到100%。（6）**推动法治宣讲进寺庙**。**四川省**制定法律进宗教场所宣讲活动方案，组建藏汉双语联合巡回法治宣讲团，明确宣讲时间和宣讲人员，有力推动了寺庙法治宣讲工作。（7）**推动普法读物进寺庙**。**青海省**编印宪法、刑法、民族区域自治法、宗教事务条例等12种法律法规单行本和《农牧民以案学法读本》《"法律进宗教活动场所"资料选编》《反自焚法制宣传漫画册》等20多种汉藏文版普法教材赠送寺庙，各自治州和县区结合实际编印藏（蒙）文普法教材和宣传资料。2014年，省司法厅筹措14万元，为

---

① "五二三学教"活动中的"五"为五热爱，即热爱党、热爱祖国、热爱人民、热爱民族、热爱佛教；"两"为两遵守，即遵守法律、遵守戒律；"三"为三负责，即对国家负责、对信众负责、对佛教负责。

8 个市州 800 多个宗教场所赠订 2015 年全年的青海唯一法制类专业报纸《青海法制报》和全国唯一法制类藏文报纸《藏文法制报》。

五是注重基础建设。有关地方和部门普遍重视普法骨干队伍建设。**宁夏回族自治区**制定《全区宗教界人士培训五年规划》，从 1999 年至今已在伊斯兰教经学院举办阿訇进修班和中青年教职人员培训班 33 期，在社会主义学院举办伊斯兰教教职人员和佛教、道教、天主教、基督教人士培训班 60 期，共培训 7000 余人。各市、县每年组织 1—2 期宗教界人士法律法规政策培训班。**青海省** 8 个市州和省直 133 个部门均设有普法工作办事机构和专兼职工作人员，其中专职普法队伍 200 余人，普法联络员、法律明白人、法制宣传志愿者、法治文化中心户、律师、法律服务工作者等 11 万余人，各级法治讲师团 56 个，讲师团成员 775 人（含双语讲师 161 人）。**云南省迪庆州**制定中长期培训规划，有计划地组织选派活佛、经师、民管会成员等宗教界代表人士到省内社会主义学院和佛学院进行培训，到国内发达省市考察学习。有关地方和部门还注重加强阵地建设。**新疆维吾尔自治**

区伊犁州宗教场所落实"八个有"工作标准，即有一台电视机、一台 VCD（DVD）、一个管理班子、一套管理制度、一个宣传栏（黑板报）、一个活动室、一支文艺宣传队（宣讲队）、一个慈善领导小组。**宁夏回族自治区固原市**开展法律进宗教场所"六个一"建设活动，即建立一个法制宣传橱窗、设置一个法律图书角、制定一套宗教场所学法制度、组建一支由公检法司基层干警和宗教界人士组成的专兼职法制宣传志愿者队伍、配备一套法制宣传教育教学设备、每月开展一期专题法制讲座。**银川市永宁县**司法局针对回族群众上清真寺礼拜前沐浴的特点，在征得清真寺寺管会同意后，制作以婚姻法、继承法、土地管理法等的法律条文为主要内容的法制宣传漫画，安装在沐浴室内，受到信教群众广泛欢迎。

3. 法律进宗教场所的主要问题

在看到成绩的同时，也要清醒地看到，法律进宗教场所工作还存在一些突出问题。

一是思想认识不够到位。一些领导干部没有认识到法律进宗教场所工作在维护本地区社会稳定和法治建设方面的重要地位和作用，未把这项工作摆上应有位置。

有的宗教教职人员和信教群众对国法教法谁大谁小问题存在模糊认识，认为法律和宗教是统一的，守了教法就守了国法，不需要学习国家法律。

二是工作机制不够顺畅。一些地方尚未建立宗教教职人员普法长效机制，法律进宗教场所大多停留在提倡性口号、原则性要求上，具有操作性的办法和措施不多。寺庙属地化管理体制尚未理顺，许多寺院长期游离于基层政权特别是村级组织管理之外，县、乡政府在统筹经济社会发展时未将寺院纳入规划，在整村推进及道路、交通等基础设施建设方面将寺院排除在外，造成法律进宗教场所工作与政府其他管理服务措施脱节。一些寺庙严格的等级制度不利于普法工作开展。比如，在藏传佛教寺院，教职人员因身份、地位、名声等的不同，收入上有很大差异，由此形成森严等级体系，级别较高僧人对级别较低僧人有较大影响力，一定程度上抵消了普法效果。

三是方式方法不够新颖。一些地方入寺宣传的法律法规范围过宽，超出教职人员和信教群众的需求；一些需要教职人员和信教群众学习掌握的重要法律法规，如民族区域自治法、境内外国人宗教活动管理规定、信访条例，却又有所遗漏；一些地方宣传资料堆积如山，但针对性不强，有的只列出法律条文，枯燥难懂。一些地方送法入寺的主要方式依然是拉横幅、贴标语、发材料、出专栏、搞竞赛等老套路，网络、电视、二微一端（微博、微信、客户端）、文艺演出等群众喜闻乐见的传播方式运用较少，宗教教职人员和信教群众学法热情不高。一些寺庙较高层次的外出考察学习指标少，教职人员培训层次低、班次少、周期短、参训人员有限，对民管会成员、清真寺教长、藏传佛教寺院活佛等骨干教职人员的培训力度不足，法律法规宣传与宗教教规教义不能有机结合。有的宣讲人员对党的民族宗教政策和国家法律法规掌握不全面、理解不透彻，不善于用群众听得懂、记得住、接地气的语言讲法释法，宣讲效果不佳。

　　四是语言交流不够通畅。民族地区的宗教活动往往使用本民族语言，而法律使用汉语，从而形成法律进宗教场所的语言交流障碍。在藏传佛教寺院中，绝大多数僧人只懂藏语，不懂汉语；一些僧人能说藏语，却看不懂藏语书籍；在一些藏族群众居住的地方，因交通阻隔等原因，很小一块地方就有好几种方言，不同寺庙需要会不同藏语方言的干部入寺普法。在清真寺院中，一部分年龄偏大的阿訇虽然阿文水平较高，但汉语水平较低，只能讲经文，不能讲法律，向他们进行普法，要求宣讲人员不仅要通晓藏（阿）汉双语，还要具备一定的法律知识和宣讲技能，基层地方符合这样条件的人不多。实践中，有关部门虽然编写一些普法方面的藏文小册子，但仅涉及法律的部分条文，比较全面系统的藏文法制宣传资料匮乏。笔者在四川省甘孜州稻城县调研时了解到，为缓解藏文法制宣传资料欠缺问题，该县傍河乡配备 1 名法学专业藏族大学生专职从事法律文献翻译工作，每月补助 1000 多元，但也只是杯水车薪。

五是保障措施不够健全。目前，法律进宗教场所仅限于地方实践，缺乏国家层面的统一部署和安排，各地做法不一、效果各异。与其他地区特别是东部地区相比，民族地区的普法经费偏少，而法律进宗教场所这项工作具有特殊性，无论是对宗教教职人员和信教群众的法律培训，还是把普法资料送入宗教场所，都需财政承担，资金问题得不到解决，送法入寺工作就会卡脖子。一些地方在人员配备、办公条件、福利待遇方面还存在一定困难。四川省稻城县的法律明白人、人民调解员主要由领取津贴的"四职人员"（村支部书记、村委会主任、村委会会计和妇代会主任）兼任，培训双语人才、法律明白人和翻译法律文本等存在较大经费缺口，影响了法律进宗教场所工作的开展。

4. 完善法律进宗教场所工作的对策建议

上述问题的存在，不利于法律进宗教场所活动的深入持久开展，不利于地方社会稳定和法治建设。必须采取有效措施，切实加以改进。

第一，深化思想认识。有关地方党委和政府要高度重视法律进宗教场所工作，引导领导干部从维护地方社会稳定、推进地方法治建设的高度，充分认识这项工作的基础性作用，将其摆上重要议事日程，纳入党委和政府目标管理，纳入领导干部综合考核评价体系。党委主要负责同志要切实履行普法工作第一责任人职责，定期听取汇报，研究解决问题，确保法律进宗教场所工作有序开展。

第二，理顺工作体制。建议将统战部、民委（宗教局）列为有关地方普法依法治理工作领导小组成员单位，明确职责任务，落实工作责任。根据职责分工，领导小组要与相关单位签订目标责任书，明确牵头单位和参加单位的时间表和任务状，把"软任务"变成"硬指标"，努力形成组织健全、运行有序、协同有力、齐抓共管的工作格局。

第三，健全工作机制。一是加强顶层设计。适时制定法治宣传教育法，统一规范送法入寺的基本原则和工作要求，统筹推进法律进宗教场所工作。二是建立健全谁执法谁普法的普法责任制，建立法官、检察官、行政执法人员、律师等以案释法制度，特别是行政机关承担着向执法相对人普及相关法律知识的职责，应将普法作为执法工作的重要内容，土地、城建规划管理部门要依法处理擅自建设寺观教堂的行为，文化、新闻出版、工商行政管理部门要依法加强对宗教文物、宗教书刊、宗教用品销售的管理，公安部门要依法保护公民宗教信仰自由，坚决制止非法宗教活动和依法处理宗教中的违法行为。三是实行寺院属地管理，把寺院和僧人纳入政府管理范围，在确定乡村扶贫和发展项目时与村级组织同等对待，切实解决寺院实际困难，为送法入寺创造条件。四是强化寺院民主管理，健全寺院民主管理制度，逐步消解寺院内部不合理等级体系，减轻送法入寺阻力。

第四，充分发挥宗教教职人员的积极作用。一是加强对30多万宗教教职人员的法律培训和教育引导，不断提高他们的法律意识和法治素养，通过他们的号召力和影响力，带动广大信教群众遵纪守法。**二是**鼓励宗教界深入挖掘宗教教义教规中有利于社会和谐、时代进步、健康文明的内容，对其作出符合民情地情和时代要求的阐释，把法治精神融入讲经布道之中。支持宗教界弘扬宗教道德中弃恶扬善、诚实守信、宽恕待人等与社会主义道德和法治相契合的内容，强化法制宣传教育的道德底蕴。**三是**组建一支爱国爱教、德高望重、精通政策法律的宗教教职人员法律知识巡回宣讲队伍，在宗教场所巡回演讲，通过信教群众最信服的人、最能接受的方式传播法律知识，阐明遵守法律与遵守教规、维护法律权威与保障宗教信仰自由的关系，营造办事依法、遇到问题找法、化解矛盾靠法的良好氛围。

第五，创新方式方法。一是规范普法内容，以宗教教职人员和信教群众应知应会的法律法规和法律需求为基准,科学确定进宗教场所的法律和资料范围,既不求全,也不遗漏。**二是**改进普法方式,为宗教场所制作形式新颖、内容丰富的法制宣传栏,并定期更换内容;重点宣传与民生改善、依法办教相关的法律法规,提供法律服务热线、法律援助范围和联系方式。在巩固传统普法阵地的同时,更多通过微博、微信、动漫、微电影、微电视等新型传播手段送法入寺,为宗教教职人员和信教群众提供更多、更便捷、更有效的学法用法渠道。**三是**加大培训力度,多提供骨干宣讲人员外出考察培训特别是参加高层次考察培训的机会,开阔他们的视野,提高他们的法律素养。**四是**加强队伍建设,建立普法联络员、宣传员队伍,用信教群众听得懂、易于接受、乐于接受的方式宣讲宗教政策法规,引导信教群众自觉履行法定义务、社会责任、家庭责任,增强国家意识、公民意识、法律意识。在寺院民管会中配备法律明白人。**五是**统筹法律进宗教场所和其他相关活动,主管部门在不干扰宗教活动的前提下,统一规范不同部门开展的进宗教场所活动,避免名目繁多的活动一同涌入,引发抵触心理。

第六，培养双语干部。改进送法入寺工作，必须破除语言障碍。有关地方和部门要制定双语普法干部培训规划，加大对双语法律人才的培养力度，建立双语法律人才库，抽调一批经验丰富、政治素质强、熟悉民族宗教政策的少数民族干部学习法律知识，学成后让他们进入寺院用民族语言普法，缓解双语普法干部奇缺问题。

第七，强化工作保障。有关地方要健全普法工作机构，充实一线普法力量，建设一支懂法律、懂政策、会宣传、会协调，政治素质好、业务能力强的普法工作队伍。要把普法经费列入有关地方财政预算，对偏远民族地区要适当倾斜，主要用于改善办公条件、组织翻译双语普法资料、培养双语法律人才等方面，为法律进宗教场所提供基本保证。

（二）法律进家庭

1. 法律进家庭的提出

与法律进宗教场所一样，法律进家庭是法律六进的延伸和补充，是普法工作的有效载体和重要抓手。所谓法律进家庭，是指有关地方和部门通过送法入户，唤醒家庭成员的学法、尊法、守法、用法意识，提高他们的法律素质和依法办事能力，营造千家万户学法律、户户平安促和谐的社会环境。

五五普法期间，河北省在全国率先启动了法律进家庭活动。2016 年 7 月，江苏省在七五普法规划中首次提出广泛开展法律进家庭活动。许多市、县，如山东省莱芜市、淄博市、滨州市，浙江省慈溪市、义乌市，福建省三明市，安徽省亳州市，云南省玉溪市新平县、丽江市玉龙纳西族自治县，也广泛开展了法律进家庭活动。

法律进家庭的提出，综合起来看，主要有以下几方面原因：

一是建设法治社会的需要。全社会信仰法律，是形成法治社会的基本前提。家庭是社会的细胞，承担着提供资源、示范教育的功能，潜移默化地影响着每一个家庭成员的行为。它既是亲情维系、道德养成和文化价值观念传承的重要载体，也是公民法律知识启蒙的发源地。开展法律进家庭活动，家庭成员学法尊法守法用法，有助于提升家庭成员法律意识和法律素质，建设法治社会，促进国家稳定。

二是维护家庭成员合法权益的需要。家庭不是法外之地，法律是维护家庭成员权益的重要法宝。开展法律进家庭活动，从源头抓起、从家庭开始，有助于增强家庭成员法律意识，依法调节家庭关系，使每一位家庭成员的合法权益得到有效保护，形成和睦家庭关系与和谐邻里关系。

三是对青少年进行法制教育的需要。家庭是青少年成长的摇篮，是人生的第一所学校，父母是孩子的第一任启蒙教师，其一举一动、一言一行都对青少年产生着潜移默化的影响。开展法律进家庭活动，加强青少年家庭法制教育，有助于增强他们明辨是非曲直、分辨善恶美丑的能力，最大限度减少和杜绝违法犯罪行为的发生。

四是适应基层普法工作的需要。当前，我国正处于社会转型期，城市社区人口结构复杂、流动性强，社区难以掌握居民的法律需求；农村实行家庭联产承包责任制后，存在工作不到家、教育不到人的断层现象。法律六进虽然涵盖家庭每一位成员，但在一些情况下法律仍然渗透不到每个人的内心深处。开展法律进家庭活动，发挥法律六进、学校教育和社会教育无法企及的独特作用，有助于深化普法依法治理，化解基层矛盾纠纷，维护基层社会稳定。

2. 法律进家庭的主要做法

（1）**加强顶层设计**。有关地方和部门制定工作方案，为开展法律进家庭活动提供基本遵循。2016 年，**安徽省亳州市**制定发布《关于开展法律进家庭推进书香亳州建设的实施意见》，以法进千万家、共建书香城为主题，以全市 168 万户家庭为宣传对象，以宪法、维护和谐稳定的法律法规、与家庭生产生活密切相关的法律法规为重点，对未来五年亳州市法律进家庭工作作出安排部署，提出工作目标、工作内容、工作要求，建立组织领导、媒体宣传、检查督导机制，努力把办事依法、遇事找法、解决问题用法、化解矛盾靠法的法治观念植根在每个家庭成员心中。**浙江省绍兴市柯桥区**制定《关于开展"法律进家庭"活动的实施方案》，建立领导体制和工作机制，确定重点宣传内容，明确任务分工、牵头单位和协同单位，组建志愿者队伍和义务宣传员队伍，有重点分步骤全面推开。

（2）**健全领导体制**。**福建省三明市**各级党委、政府及普法依法治理机构把法律进家庭活动摆上重要议事日程，建立党委领导、政府实施、人大和政协监督、各有关部门齐抓共管、全社会积极参与的领导体制和运行机制，并将其纳入社会主义新农村建设总体规划，一起规划、一起部署、一起检查、一起落实。成立法律进家庭活动领导小组及其办事机构，负责统筹协调、组织指导和监督检查。各地各级成立分管领导任组长，司法、民政、农业、工会、妇联、共青团等部门和单位共同参与的领导小组及其办事机构，明确职责分工，健全制度机制，推动任务落实。**江西省抚州市资溪县**印发《关于在全县开展"法律进农家、服务到村民、矛盾化基层"活动实施意见》和实施细则，成立以县委副书记为组长，县委常委、宣传部长，县委常委、政法委书记，县政府分管副县长为副组长，政法、宣传、公安、司法行政等23家涉民生民情重点职能部门主要负责人为成员的活动领导小组，确定各部门各单位的职责分工、工作要求和工作措施，形成了分工明确、各负其责、协调有序、齐抓共管的工作格局。

（3）**建立工作制度**。**山东省莱芜市**针对近年来农村普遍出现的矛盾纠纷问题，制定《法德结合文明理家工作标准》，对家庭教育、经济交往、日常行为、庭院建设、家庭生活、家政档案等 6 个方面 60 项内容进行规范，引导农民在民间借贷、企业经营、财产租用、外出务工、建筑装修等经济活动中依法签订合同；对农民生产、生活、交往等各方面所应提倡和禁止的行为作出具体明确规定，教育引导家庭成员自觉遵纪守法，维护社会公德，弘扬家庭美德，正确处理家庭和邻里关系。各村普遍制定家庭守则、考评规则、社会公德准则等，交村民大会讨论通过后，发到每家每户遵照执行。各村村委会还与家庭签订计划生育合同书、家庭赡养合同书、邻里关系合同书、农民负担合同书，理顺了邻里之间、家庭成员之间、家庭与集体之间关系。

（4）**创新普法方式**。有关地方和部门因地制宜、因材施教，创新普法载体和方式，提升送法入户效果。

一是围绕中心工作。**云南省丽江市玉龙纳西族自治县塔城**司法所始终围绕党委和政府中心工作来开展法律进家庭活动，配合禁毒工作，大力宣传禁毒法和毒品犯罪知识，会同派出所铲除辖区内毒品原植物，呼吁广大群众举报吸毒、贩毒人员；配合维稳工作，深入农户家中、村头巷尾、田间地头，开展与农民群众密切相关的宪法、婚姻法、继承法、人民调解法、义务教育法等法律法规的宣传；配合土地确权颁证工作，开展物权法、土地管理法、农村土地承包法等法律法规的宣传，会同乡土地确权办公室开展土地确权颁证法律法规咨询和法律服务，为塔城乡农村土地确权颁证工作的顺利进行奠定了坚实基础。

二是创新普法载体。甘肃省张掖市高台县首创"法德进家五个一"农村普法模式。五个一是指一版、一袋、一匾、一案、一讲，其中一版为宣传版画，高台县将农村常用法律法规、公民基本道德规范、村规民约、矛盾纠纷调处等与群众生产生活密切相关的内容制成 1600 块彩色喷绘宣传版画，悬挂在醒目位置，使群众"抬头见法德，低头思言行"，置身于浓厚的法德教育氛围之中；一袋为法律资料袋，高台县从解决群众问法难、找法难的实际出发，编印 17 种与群众生产生活密切相关的法律道德宣传资料、村规民约手册等，装入 3 万多个法律进家庭资料袋，发到农户家中，供农民群众闲暇时学习、急用时查阅；一匾为法德牌匾，高台县将"退一步海阔天空，让三分心平气和""学法人人受益，守法家家和谐""以责人之心责己，以服己之心服人"等名言警句，制成2000多块精美匾额、书画框，悬挂在农户室内，既美化了居室环境，又使群众受到法治文化熏陶；一案为以案释法，高台县将各级调解组织调处成功的案例编印成图文并茂、形象生动的《以案释法案例选编100例》，免费向农户发放，引导群众学法用法、依法维权；一讲为法律宣讲，县司法局联系协调相关执法、涉农部门，利用农闲季节开展"普法百日行"、农村法制宣传月、农民法律素质集中培训班等活动。2010年10月，高台县被全国普法办评为首批"全国法治县（市、区）创建活动先进单位"。**福建省三明市将乐县**把开展法律进家庭活动与创建宣传文化中心户结合起来，形成宣传文化中心户示范带动、不断拓展法律进家庭覆盖面的工作模式；宁化县以落实一堂法制课、一份宣传资料、一条宣传标语、一个法制专栏"四个一"为抓手，采取入户宣传等形式，深入16个乡镇向农户宣传法律知识；**大田县**注重培养法律明白人，把退伍军人、青少年学生、回乡知识青年和村两委班子成员作为法律明白人进行集中培训，并协调乡镇吸纳一些素质较高的法律明白人加入村人民调解委员会。**四川省成都市新都区**司法局木兰司法所开展小手拉大手、法律带回家活动，制作独具特色的法律上门服务卡，载入木兰镇 logo、微信公众号以及各社区一村一律师的基本信息，利用暑假契机，让中小学生交到父母手中，把宣传相关法律法规作为暑期"特别作业"，带动了法律进家庭活动的广泛开展。**达州市万源市**属贫困山区，农村交通不便、人口居住分散、农民群众文化水平偏低。万源市以司法行政干警、律师、公证员、人民调解员、基层法律服务工作者为主，组建了 25 个"拷包普法小分队"，打破地域、时节和需求差异瓶颈，根据群众不同需求开展订单式、一对一个性化普法，极大增强了山区农村普法教育针对性，走出了一条贫困山区农村普法新路子。**安徽省宣城市旌德县**云乐乡开展"实行民情工作法，四定四联一考核工作机制"主题实践活动，用民情工作法助力法律进家庭。四定即定村、定人、定期、定责，四联即联村、联片、联组、联户，一考核即加强考核评比。所谓定村定人，是指全体机关、站所、村干部为民情联络员，按照地域划分联户片组，对全乡 5 个村 63 个村民组 1884 户群众实行联村、联片、联组、联户到人，开展法律进家庭大型法律服务活动。所谓定期、定责，是指民情联络员承担收集民意、宣讲政策、化解矛盾、代理办事和监督乡务、村务任务，每周至少三个工作日下村走访，至少走访 10 户农户，至少收集 10 条以上民情民意和矛盾隐患信息。每月第一周的周一召开民情联络员会议，集中汇报民情民意、法律宣传效果，研判矛盾隐患，解决实际问题。每月末活动领导小组对民情联络工作和法律进家庭大型法律服务活动进行考评考核，年终进行述职评议，考评考核结果与干部提拔、福利待遇挂钩。

三是丰富普法方式。有关地方和部门充分利用法制讲座、法制录像、宣传资料、文艺演出、以案释法、法律咨询、法律援助、人民调解等群众喜闻乐见、通俗易懂的宣教方式，把法律知识和法律服务送入每个家庭，做到宣传到户、服务到家、教育到人。2014 年 11 月 20 日，**甘肃省天水市**妇联举办法律流动讲堂"防邪知识进家庭"麦积区专场，麦积区妇联主席宣读了《"防邪知识进家庭"倡议书》，有关领导就邪教对社会和家庭的危害、预防邪教知识等进行了深入浅出的讲解，参会人员观看了反邪教警示教育专题片，极大增强了广大妇女群众防范抵御邪教的意识和能力。**浙江省义乌市**司法局从 2015 年 9 月 16 日起，开展为期一个半月的有奖法律知识问答活动。活动依托义乌广播电台法制在线栏目，每天发布两个法律问题进行有奖问答，内容涉及征地拆迁、婚姻家庭、交通安全、文明城市创建等与群众生产生活密切相关的法律法规，每一个问题首个回答正确的听众可获得 100 元现金奖励，群众广泛关注并踊跃参与。2015 年 5 月，**湖北省武汉市江汉区**首试法律服务进家庭，满春街 75 位居民同社区律师签订家庭服务协议。根据协议，社区律师将为签约家庭免费提供法律咨询、法律援助、代写法律文书、参与家庭矛盾纠纷调解等法律服务。2016 年 7 月 27 日，**安徽省合肥市包河区**法律援助中心组织开展法律援助进家庭活动，司法所工作人员和社区志愿者结对到居民家中，现场发放联系卡和居民随身法律宝典，告知居民可以通过微信、网络、现场、法律热线等多种方式寻求律师一条龙服务，引导居民依法有序实现诉求。**四川省成都市锦江区**司法局以民生为导向，创造性地提出构建"半小时法律援助圈"的法律服务理念，打造莲新、三圣、成龙路三个规范化法律援助工作站，建立社区受理、服务中心审批快捷模式，实现社区居民半小时内即能享受到法律咨询、援助申请等服务。2013 年春节前夕，**北京市司法局**在全市开展"建设平安北京，法律进家庭"活动，将编辑制作的 20 万册《首都市民法律知识手册》和 20 万张《北京市市民普法宣传折页》，通过小红帽和基层司法行政部门分批送入社区农村家庭，宣传与市民日常生产生活密切相关的法律知识，引导社区农村百姓依法维护自身合法权益，欢乐安全迎接春节。**贵州省毕节市金沙县后山乡**利用春节期间外出务工人员返乡团聚的有利时机，依托村居宣传栏、村务公开栏、法治一条街等普法宣传阵地，采取送法下乡、进村入户宣传等形式，积极宣传婚姻法、继承法、人民调解法、治安管理处罚法等与群众生活密切相关的法律法规，为群众解答法律疑问，增强了群众的法治观念和维权意识。**新疆生产建设兵团十三师**将法律进家庭活动与法律进连队、法律进社区等活动有机结合起来，组织双语宣讲员，发放双语普法宣传资料，对团场信教职工家庭、少数民族职工家庭进行有针对性的法制宣传教育，将法制宣传的前沿阵地拓展到每个职工家庭，打通法律服务群众的最后一公里，创造了民族特色普法、双语特色普法品牌。

四是普治并举、以普促治。浙江省慈溪市司法局实施法律知识传到户、法律书籍送到户、法律热线联到户、法律宣传员走到户、法律培训办到户的法治宣传"五到户"工程，建立普法讲师团、乡音讲师团、普法志愿服务队、文艺业余宣传队、青年律师普法服务团等多支队伍，把生动形象的宣传和群众喜闻乐见的演出送到千家万户。同时将法律进家庭工作与矛盾调处、维权帮教结合起来，利用各村（社区）法律顾问、法律援助站点、妇女维权工作站等平台，同步开展法制宣传，提供法律服务，落实法律保障，帮助群众解决实际问题，极大提高了农村普法工作的实效性。**山东省淄博市**实施三大家庭工程，助推法律进家庭。一是法律知识进家庭工程，会同综治办、司法行政、劳动保障、农业部门开展以

"百万妇女学法律，家庭平安促和谐"为主要内容的维权周活动，为妇女群众提供"足不出户，维权到家"的便捷服务；在妇工通信、淄博晚报、淄博妇女网开辟法制宣传、案例解析专栏，开展婚姻法、妇女权益保障法知识竞赛。二是法律服务进家庭工程，建立一支由公检法司干部、执业律师、心理咨询专家组成的妇女法律服务志愿者队伍，提供法律咨询、法律援助、心理辅导、婚姻家庭关系调适等服务；组织志愿者深入家庭，根据不同家庭的需求开展有针对性的保姆式法律服务；开通12338、1603838妇女维权热线，及时解答法律咨询，协调解决信访问题；邀请婚姻家庭法律、劳动保障法律等方面专职律师每周四到妇联接访，为广大妇女提供法律服务。三是法律保障进家庭工程，在各区县乡镇（街道）调解中心设立妇女维权站、家庭纠纷调解站，及时调解家庭矛盾纠纷；开通妇女法律援助直通车，由市法律援助机构指定律师提供法律援助。**四川省达州市万源市**以普法"三结合"推进法律进家庭工作。一是普调结合，普法小分队走村入户时，对较小矛盾纠纷直接进行调处；对涉及面宽、情况复杂、影响较大的矛盾纠纷约定时间开展调解，调解前，组织村民旁听，分发普法材料，使当事人及旁听群众对相关法律规定心中有数；调解中，一边做当事人工作，一边讲述相关法律知识，引导双方依法调解，做到边调边普；调解后，结合案例和普法材料进行讲解，做到调解一件，教育一片。二是普帮结合。普法小分队进入有刑释解教人员的村（社区）时，动员社会力量关心支持刑释解教人员的普法宣传和安置帮教工作，同时加强对刑释解教人员的法制宣传教育，引导其改过自新、重做新人，做到帮教一人，稳定一方。三是普援结合。在普法过程中，普法小分队对提出法律援助需求的困难家庭，直接进行援助；在办案过程中，普法小分队把当事人案例作为鲜活教材，对周边地区群众进行婚姻家庭、合同纠纷、劳动保障、交通安全等方面法律法规的宣传教育，做到维权一案，教育一方。

（5）**加强协作配合。福建省三明市**各级普法依法治理机构充分发挥宣传、民政、计生、农业、林业、土地、综治、公安、司法行政和司法等部门的职能作用，依靠村两委、"五老人员"（老干部、老战士、老专家、老教师、老劳模）、法制宣传志愿者等基层普法骨干力量，建立起市、县、乡、村法律进家庭四级工作网络，形成了各部门齐抓共管、上下左右联动的工作态势。**浙江省嘉兴市秀洲区**建立法律进家庭协同共创工作机制，区平安办将法律进家庭工作与平安建设同部署、同检查、同考评、同表彰，区法宣办、区妇联加强对全区创建活动的组织协调，区委宣传部主抓教育宣传工作，公安局加强对家庭暴力、威胁家庭安全案件的打击处罚，司法局负责法制宣传教育和家庭邻里矛盾纠纷调处，共青团组织创建未成年人零犯罪社区和青少年维权岗，初步形成党政统一领导、区法宣办和区妇联牵头、成员单位通力协作、有关部门互相配合、广大群众积极参与的工作格局。

（6）**强化监督考核。江西省抚州市资溪县**法律进农家活动领导小组注重对活动情况的日常督查指导，制定法律进家庭活动安排一览表，规定各单位工作职责和活动内容，结合各单位职能定人、定责、定时间；多次召开工作调度会，听取有关部门和单位的汇报，研究解决活动中的实际问题；组织政法系统德高望重、退居二线的老同志组成督导小组，不定期地对各成员单位进行专项督查，对存在的问题要求限期整改；领导小组办公室创办《工作简报》，反映各级各部门开展法律进家庭活动的进展情况，总结工作，交流经验，确保此项工作深入扎实开展。**福建省三明市**司法局2007—2009年连续三年将法律进家庭列为年度普法工作的重要内容，列入年度《抓班子带队伍促工作见成效责任状》，与各县（市、区）司法局和市司法局有关科室签订责任状，在年度工作考核中作为普法工作重点项目进行检查。各地根据工作实际，把法律进家庭作为普法依法治理机构、乡镇司法所工作的重点内容，列入目标管理体系和年度工作考评、综治工作考评和新农村建设工作考评范畴，建立健全领导挂包、工作点评、全程跟踪、责任奖惩四项制度，认真进行考评考核。

3. **法律进家庭工作的主要问题**

（1）**一些家长的法律意识有待提高**。生活中，部分家长的法律意识不强，只关注子女的学习成绩，忽视子女法律意识、道德品质和社会责任的培养。调查显示，全国家庭法制教育的现状不容乐观，许多家长不经常对子女进行法制教育，部分家长从未对子女进行过法制教育，个别家长甚至钻法律空子、有一些轻微违法行为，给子女法律意识的形成造成负面影响。一些地方开展小手拉大手活动，孩子将普法资料带回家，家长却束之高阁或视而不见。

（2）**一些家庭成员和执法人员不愿将法律引入家庭。**虽然我国制定了《婚姻法》、《继承法》、《反家庭暴力法》、《未成年人保护法》等法律，但许多人秉持家丑不可外扬、清官难断家务事的传统观念，认为打老婆天经地义、揍孩子是大人的权利，无论是当事人还是执法人员，都不愿轻易将法律引入家庭。据统计，全国2.7亿个家庭中，遭受过家庭暴力的妇女高达30%，其中九成施暴者是男性。一些人担心，一旦法律进入家庭，将带来一系列难以解决的现实问题。他们认为，由于家庭成员的生活很大程度上依赖家庭，在社会救助制度不健全的情况下，法律介入父母对子女的家暴行为会恶化双方关系，影响父母对子女的抚养义务；法律介入子女对父母的虐待行为会使老人的处境更为艰难，因而不愿将法律适用于家庭。

（3）**一些家长的教育方法有待改进。**一些家长虽然对子女进行法制教育，但由于方法不当，效果并不理想。有的家长把对子女的思想品德教育视作法制教育，有的对子女进行法制教育时不知从何入手，有的进行法制教育只是宣讲法律文本，机械地让子女记诵法律条文，子女缺乏学法兴趣。

（4）**一些地方开展法律进家庭活动存在现实阻力。**目前，城市社区家庭之间交往较少，家庭对社区归属感普遍不高，农村群众居住分散，人员难以集中，作息时间特殊，时间难以统一，各类人群法律需求差距较大，一些地方存在普法对象难组织、普法时间难确定、普法内容难统一、普法教材难落实、普法效果难实现"五难"问题，制约了法律进家庭活动的深入开展。

4. 完善法律进家庭工作的对策建议

家庭是人生的第一课堂，家庭环境对一个人的成长和发展起着特殊重要作用。要紧紧抓住家庭法制教育这一关键环节，从思想认识、方式方法、保障条件等方面加强和改进法律进家庭工作，把法律覆盖到家庭、覆盖到最基层、覆盖到每个人。

第一，提高思想认识。有关地方和部门要高度重视法律进家庭工作，将其与平安建设、精神文明建设、基层政权建设等有机结合起来，不断推动这项工作向纵深发展。乡镇街道要加强对基层单位的领导、组织和协调，把各项工作落到实处。组织、宣传、公安、司法行政、妇联、司法等部门和单位要根据各自职能开展工作，同时要加强对基层的工作指导。要有针对性地加强对执法人员的法制教育，使其充分认识到法律进家庭的重要意义，依法履行职责，必要时将法律引入家庭，不得消极回避。

第二，增强家长法治观念。 从家庭这道门槛，可以迈向成才之路，也可以步入犯罪深渊。要通过形式多样的法律进家庭活动，教育引导家长认识到自己在家庭中的重要角色，遵纪守法、努力工作，为孩子做学法守法表率。夫妻之间要互敬互爱、互谅互让，为孩子营造温馨的家庭氛围。父母要自觉依法办事，用法律把家庭打造为抵御外界不利影响的过滤器，尽可能使家庭成为一方净土。在开办家长学校的地方，要整合教学资源，开设法制课堂，引导家长积极主动学习法律知识，提高法律意识和维权能力。

　　第三，改进家庭法制教育方法。开展家庭法制教育，不能停留在简单的说教上，必须讲究方式方法，注重教育实效。家庭法制教育要从小抓起、从小事抓起，细心观察孩子的日常表现，发现问题及时教育、防微杜渐，使孩子懂得合法与非法、善良与丑恶、诚实与虚伪、公正与偏私的界限，培养孩子高尚的道德情操、健康的精神风貌和良好的守法习惯，在思想上筑起一道预防违法犯罪的铜墙铁壁。家长可以找孩子谈话，这是最简单又有效的方法，既能教育孩子，也能增进感情交流、唤起家庭亲情；看到打架、闯红灯等不守法、不道德行为，要进行现场剖析教育；结合邻里周边发生的违法犯罪案件，进行活生生的法制教育；订阅一两份法制类报纸杂志，和孩子一起翻阅，利用其中案例对孩子进行法制教育；陪同孩子参观少管所，观摩少年法庭、模拟法庭，观看《今日说法》《大家看法》等法制教育专题电视节目，观看恶性交通事故宣传图片、禁毒宣传图片等反面教材，以案说法联系实际，让孩子在幼小的心灵中牢固树立规则意识；利用"3·15消费者权益日""6·26国际禁毒日""12·4全国法制宣传日"等节假日，结合生活中发生的一些违法犯罪案件进行讲解，使孩子受到具体、生动、形象的法制教育；有目的地带孩子参加一些社会实践活动，让孩子在社会实践活动中举起法律利剑维护自身合法权益，增强孩子的守法用法护法意识。需要注意的是，对孩子的法制教育要掌握度。家庭法制教育的内容应当符合孩子的年龄特点，与孩子的身心发展水平相当，教育孩子面对违法犯罪分子时，既要见义勇为，也要量力而行、机智勇敢、见义巧为，不提倡一定同违法犯罪分子面对面搏斗。

第四，强化家庭法制教育基础保障。进一步加强对基层普法骨干的教育培训，为法律进家庭提供人才保证。建立健全妇女维权服务站、妇女维权岗等平台，为妇女儿童提供政策法律咨询、法律援助等一站式维权服务。不断健全社会救助制度，为法律进家庭创造必要条件。针对法律进家庭活动中出现的"五难"问题，研究提出有针对性的措施，努力提高法律进家庭工作的成效。

六　法律六进的未来

五五普法以来，法律六进成为普法工作的基本方式和主要抓手，在普法史上占据重要醒目地位。以法律六进为分水岭，1985 年开启的普法历程大体可分为两个阶段：一是 1985—2005 年，前 4 个五年普法时期以普及法律知识为主要内容的知识普及阶段；二是 2006 年法律六进提出到现在，五五普法时期起以提升法律素质为主要内容的素质提升阶段。正是从法律六进提出这一刻起，普法工作破茧成蝶，揭开了新的一页。

法律六进之所以成为普法工作的分水岭，不仅是因为它确立了行业普法体系实现了普法工作全覆盖，适应普法对象个性需求做到了精细化普法，更重要的是，它步入千家万户，解决了普法工作的最后一公里问题；发挥法治文化的引领教化作用，春风化雨、润物无声，增强了普法工作的实效性；推行国家机关谁执法谁普法的普法责任制，普治并举、以普促治，切合了普法工作规律。总的来看，法律六进坚持围绕中心、服务大局，与基层依法治理、精神文明建设、基层民主政治建设相结合，与经济社会发展、国家法治建设和人民群众法律需求相适应，贴近群众、贴近生活，积极开拓、锐意创新，不断推动普法工作向面上拓展、向基层延伸。如今，因亲人"不听话"而将其"绳之以法"的杀人案不再发生，企业因合同不当条款蒙受巨大经济损失的情形已然罕见，领导干部违反法治精神发表奇谈怪论的现象几乎绝迹，20世纪80年代那股鼓噪人治的鼎沸声早已平息，相应的是，公民拿起法律武器维护自身合法权益已成常态，政府工作人员依法行政已成常态，领导干部依法决策已成常态，全社会依法办事已成常态，四五普法规划提出的由提高全民法律意识到提高全民法律素质的转变正逐步变为现实。

站在七五普法的新起点上，研判法律六进的未来走势，对于深化普法工作、全面依法治国具有重要意义。现阶段，在"四个全面"战略布局深入推进的背景下，法律六进面临一系列严峻挑战。

挑战一：法律六进还有继续存在的必要吗？这个问题实际上是由普法工作本身带来的。大规模、系统性普法是中国引以为傲的法治特色，这在国外是难得一见的。30 多年前，我国法治领域还是一片浩瀚荒漠，经过六个普法规划的洗礼，特别是数代人在学校里接受系统的法律学习，法官、检察官、律师、法学研究人员等法律人一批批进入社会，法治的信念正在树立，法治的力量渐入人心。可以说，法治领域的大片荒漠已变为绿洲，法律"扶贫攻坚战"已取得决定性胜利。在这种情况下，还需要普法和法律六进吗？

答案应当是肯定的。首先，我国是一个有数千年封建专制传统的东方大国，人治土壤严重板结。十年树木，百年树人。把法律的种子植入亿万人民心田，是一个长期艰巨的过程。必须持之以恒、久久为功，绝非几个普法规划就能奏效。其次，我国幅员辽阔，不同地区法治发展水平极不平衡，一些东部沿海地区已把法治视为地方发展的核心竞争力，一些中西部地区还没有把法治建设摆上应有位置，农村地区出现的一些矛盾纠纷、刑事案件和群体性事件，大多是因农民法律意识淡薄所致，法律六进工作任重而道远。最后，法律知识的传播是一件相对容易的事，但法律素质的养成，也就是运用法治思维和法治方式依法办事，却是一个全新习惯，绝非一朝一夕之功。

应当看到，一五普法时期面临的形势与今天不可同日而语。法律六进必须与时俱进，适应经济社会发展特别是国家法治建设的需要，找准角色定位，积极发挥作用。党的十八届四中全会提出，坚持把全民普法和守法作为依法治国的长期基础性工作，深入开展法治宣传教育。这一定位是准确的，必须长期坚持。

挑战二：法律六进在我国法治建设进程中到底起多大作用？ 这是从另一个角度提出法律六进的存续问题。调研中我们发现，在许多地方，特别是在广大农村和中西部地区，老百姓遇到问题时首先想到的仍然是找关系解决，而不是打官司，信权不信法、信钱不信法、信访不信法、信关系不信法的现象依然相当普遍地存在。一些干部群众提出，普法工作开展30多年了，违法犯罪现象依然屡禁不止，当前反腐败斗争中落马的官员不少是受过良好法律训练的政法系统干部，法律六进对于提高人们的法律意识究竟有没有效果？

造成上述问题的原因是多方面的，其中主要原因有两个：一是法律六进工作不扎实，没有普法到人，实现全覆盖，或者即便到人，但效果不佳；二是部分执法人员和领导干部不守法，削弱了老百姓对法律的信仰、信任和信心。这两方面原因恰恰说明，解决老百姓遇事不找法问题，不是要否定法律六进工作，而是要加强和改进法律六进工作。

就第一个原因而言，法律六进应当在改进方式方法、发掘普法规律方面下更大功夫，切实增强普法的针对性和实效性。形式主义是普法的最大天敌，仅仅按照普法方案完成规定动作，多半不会取得理想效果。普法的精髓在于用心尽心、功夫在诗外。普法工作者必须首先了解普法对象的法律需求，才能做到有的放矢、对症下药；必须把普法与解决群众切身利益问题紧密结合起来，才能激发群众学法用法的持久动力；必须不断创新普法载体，丰富普法方式，才能在潜移默化中使人民内心真诚拥护和信仰法律；必须因地制宜、因材施教普法，不搞一刀切，才能真正做到入耳、入脑、入心。老百姓了解法律、接受法律，把遵守规则当成吃饭、睡觉一样自然，就能提高法律意识，减少违法犯罪行为。

第二个原因复杂一些，其中有前述改进法律六进工作的因素，但更重要的是，要通过加强法律学习培训、完善干部考核评价和奖惩机制等措施，增强执法人员和领导干部的法律意识，使执法人员和领导干部深刻认识到，立法、执法、司法和领导干部带头守法是普法和守法的源头，只有国家工作人员特别是执法人员和领导干部尊法守法、以身作则、以上率下，才能形成良好的法治风尚，示范带动全社会形成办事依法、遇事找法、解决问题用法、化解矛盾靠法的良好法治环境。提高执法人员和领导干部的法治思维和依法办事能力，还要靠制度保证。党的十八届四中全会在这方面作出了一系列制度安排，包括建立法律顾问制度，设立公职律师，完善党政部门依法决策机制，建立行政机关内部重大决策合法性审查机制，建立重大决策终身责任追究制度及责任倒查机制，建立领导干部干预司法活动、插手具体案件处理的记录、通报和责任追究制度，建立法治建设成效考核制度，等等，要抓紧建立健全，早日发挥作用。

挑战三：法律六进是否偏离党和政府中心工作？这是长期萦绕在一些地方领导甚至普法工作者心中的问题。

对于地方来说，经济建设和维护稳定无疑是两项最重要的工作，只要投入人力、物力、财力，就能见到成效。但普法工作似乎有所不同，投入后就像把钱币扔进水池里，两三年听不到响动。有的领导干部据此认为，法律六进脱离经济建设主战场，与社会稳定也无直接关系，因而不够重视这项工作，在工作安排、制度建设、基础保障等方面没有给予应有的支持。

从 20 世纪 90 年代开始，我国实行社会主义市场经济。人们普遍认识到，市场经济是法治经济，良好的法治环境不仅是地方经济发展的核心竞争力，也是社会稳定的定海神针。实践中，作为新时期普法工作的代名词，法律六进在一些地方成为支撑地方发展的亮丽底色和招商引资的金字招牌。毕竟，把资金、项目放到讲规则、重法治的地方，比放到不讲规则、政策朝令夕改的地方更让人放心。由此可见，法律六进与经济发展、社会稳定不是互不相干的两张皮，而是相辅相成、殊途同归。法律六进的特殊重要作用，犹如大城市的地下管网，其作用只有到下雨天才显露出来，是保平安的基础性工程。法律六进也像中医，治病于未有，潜移默化、润物无声，可用唐代杰出文学家韩愈的诗句"天街小雨润如酥,草色遥看近却无",或者清朝诗人龚自珍的诗句"落红不是无情物,化作春泥更护花"来形容。

党和政府的领导和支持,是法律六进工作顺利开展的根本保证。各级党政领导干部要从国家长治久安、社会和谐稳定和人民幸福安康的高度,充分认识到法律六进工作的全局性、先导性、基础性作用,既要反对过度夸大普法工作成效、认为普法工作无所不能的唯心主义观点,也要反对一看到违法犯罪就武断认为普法工作一无是处的急于求成观点,在发展经济、维护稳定的同时,高度重视、坚定不移地支持法律六进工作。

挑战四:新兴媒体能否在将来成为法律六进的终结者? 这是由科技发展引发的问题。互联网从 20 世纪 80 年代末进入中国以来,在普法工作中所起的作用日益显著。现在,越来越多的地方和部门利用微博、微信、微电影、客户端开展普法活动。以普法微信公众号为例,我国微信每月活跃用户为 5.49 亿,近 80% 的用户关注微信公众号。普法微信公众号具有信息量大、内容丰富、传递迅捷、个性服务、双向互动、方便查询、成本低廉的特点和优势，实现了扁平化普法、碎片化普法，极大增强了普法工作的感染力、影响力和渗透力，成为普法工作的后起之秀。随着"低头族"人数的不断增多，互联网普法异军突起、后来居上，大有取代法律六进之势。

然而，对于普法工作来说，互联网只是技术和载体的改进，普法的内容仍需普法工作者提供，而且在我国一些农村地区和中西部地区，互联网还没有完全普及，法律六进仍需深入推进。也就是说，互联网只是普法工作的有益补充，法律六进仍是普法工作的主渠道和主战场。

挑战五：社会化普法是否会取代法律六进？ 近年来，政府通过有偿购买社会服务进行普法，成为普法工作的一个新亮点。普法工作最初主要由司法行政部门承担，常常捉襟见肘、独木难支，后来实行谁执法谁普法，各部门各行业担负起普法职责，律师、法制宣传志愿者也加入其中，特别是近年来，一些以追求利润为主的社会企业加入到普法队伍中，八仙过海、各显神通，普法这个一向冷清的领域骤然间热闹红火起来。社会力量参与普法，缓解了司法行政部门资金有限、人手紧张、普法资源不足等问题，特别是社会企业遵循市场规则，对普法对象的法律需求把握更准确、反应更灵敏、手段更灵活、技术更先进、效果更良好，具有国家普法不可比拟的优势。实践中，一些地方把国家工作人员的普法工作外包给社会企业，普法从全民普法向全民参与普法转变，形成了国家普法与社会普法两强鼎立的普法新格局。

但也要看到，社会力量不承担全民普法的责任和义务，不会从全局出发对地方和部门的普法工作谋划推进，社会力量专业性不足问题也难以保证普法质量，社会企业还可能片面追逐利益，把普法工作引入歧途。因此，社会力量参与普法，必须与司法行政部门合作，而且只能充当国家普法的配角，服从司法行政部门安排。

挑战六：如何对法律六进进行科学客观的考核评价？
普法工作考核评价是一道长期没有解决好的难题。普法部门和普法工作者所做的工作较好评估，但普法的效果却难以用数字或客观指标衡量。多年来，这项工作多采取听汇报、看材料的方式进行，一些地方虽然制定了工作标准，但要么考核要求过于原则、操作性不强，要么考核标准烦琐机械、不切合实际，无法反映普法工作的真实状况,极大制约了普法工作的科学发展。

中央高度重视法律六进考核评价工作。七五普法规划提出,深化法律六进主题活动,完善工作标准,建立长效机制。普法工作测评,既要对工作推进、活动开展、措施落实和任务完成做定量分析,也要对矛盾纠纷是否得到及时化解、群体性事件是否减少、社会治安状况是否好转、干部依法办事能力是否提高、行政执法人员行政和司法人员司法状况是否改善、人民群众的法律意识是否增强等,作出定性判断;既要设定统一的标准和要求,又要根据不同地区、不同部门、不同行业、不同对象的特点和需求分类指导,力求做到科学、规范、简明、可操作、可量化、可考核。目前,一些地方正会同高校和法学研究机构改进法律六进工作标准。假以时日,我们有理由期待产生一套科学简明的普法工作考核评价体系,为普法工作明确努力方向、树立正确导向、提供检验标准。

种子只有扎根于肥沃的土壤,才能生根发芽。法律的种子只有扎根于人民群众这片沃土上,才能成长为法治田野上的参天大树。五五普法规划提出的法律六进,把法律的种子更深地播撒到每一个人的心田，是普法史上的重要里程碑，但这只是万里长征走完的第一步。当前，我国已吹响全面依法治国的号角，中国特色社会主义法律体系已经形成，法治政府建设和司法改革深入推进，公民的民主意识、权利意识和参与意识明显增强，这些都对法律六进提出了新的更高要求。可以预见，在我国法治建设高歌猛进的时代，法律六进永远在路上，仍将是普法舞台上的主角。